ホス狂い

ぐる

大泉りか
Rika Oizumi

鉄人文庫

文庫化にあたって

人生のすべてを賭けて、ホストに大金を使う女性たちを取材したルポルタージュ『ホス狂い』の刊行から1年半たったいま、歌舞伎町およびホストクラブをめぐる状況はがらりと様変わりした。

2022年の夏頃から、新宿歌舞伎町交番の裏側にある『東京健康プラザ　ハイジア』および隣接する新宿区立大久保公園の外周に、10代から20代の若い女性たちが多く立つようになった。それまでも周辺は売春の客待ち、いわゆる立ちんぼスポットとして、一部の好事家たちの間でよく知られてはいたものの、売春婦たちのメイン層はもう少し年を経た女性たちが中心だった。が、徐々に女性たちの年齢層は下がり始め、同時に立つ女の数も増え続けていった。

一メートルごとに若い女性がずらりと立ち、男性たちが少し離れたところから物色するという異様な光景が、テレビを始めとするメディアに取り上げられたことで、多くの野次馬たちが見学に訪れる事態となり、周辺はいつしか〈交縁〉と呼ばれるようになった。

そんな事態を警察が放置しておくわけもなく、度々の摘発が入り、2023年の逮捕者は140人を超えた。前年度は51人なので3倍近い数字だ。

報道によると、この140人超の逮捕者のうち、4割以上が「ホストクラブやメンズコンセプトカフェに通うため」というような話をしたといい、ホストクラブへの売り掛けの支払いのために売春したというケースも発覚。女性客の作った売り掛け金を回収するために路上での客待ちを強制し、きちんと立っているかをスマートフォンのGPS機能で監視していたホストが逮捕されるなど、一部のホストの悪質さや、ホストクラブの高額会計および売り掛けや色恋営業といったシステムが世間に晒されることとなり、大きく非難されることとなった。

2023年は〈頂き女子〉の存在も大きくフィーチャーされた。

頂き女子とは男性と恋愛関係をつくり、感情に付け込むことで大金を〈頂く〉女性たちの総称だ。その多くがいわゆるホス狂いで、頂いた金銭はホストクラブ代へと消える。

この〈頂き女子〉という造語を作ったといわれる「頂き女子りりちゃん」こと渡辺真衣被告（当時25歳）が、男性から現金を騙し取った詐欺罪や、〈頂き〉をしたい女性に向けてテクニックを指南する『魔法マニュアル』を販売したという詐欺ほう助罪、所得を申告せずに納税していなかった所得税法違反罪といった複数の罪で逮捕されたことで、その存在が世間に知られることとなった。

デートや性行為と引き換えに金銭的支援を受けるパパ活は、裕福で羽振りのいい男性が主なターゲットとなるが、〈おぢ〉と呼ばれるターゲットと恋愛関係を作り、奨学金や借金などで金銭的に困窮しているなどといった嘘で同情を引いて金銭を得る〈頂き女子〉たちが狙うのは、コツコツと働いてしっかり貯金をしているような真面目でかつ恋愛経験に乏しい男性だ。渡辺本人が語るには3億円以上を稼いだということで、まだ明るみになっていない被害者が多数いることは間違いない。

さらには渡辺が詐欺で得た金ということを知りながら約4000万円を受け取ったとして、組織犯罪処罰法違反（犯罪収益等収受）の疑いで、歌舞伎町にある大手ホストクラブチェーン、エルコレグループの『club LATTE』に在籍するホスト、狼谷歩こと田中裕志（当時26歳）と、店の責任者である橋本一喜（当時34歳）が逮捕され、それを受けて『club LATTE』は２０２３年12月に廃業を発表した。

路上売春や頂き女子、パパ活だけに飽き足らず、ホストに使う金を稼ぎたい一部の女性たちは、海外出稼ぎと呼ばれる他国の富裕層を相手にした売春のために渡航したり、ＡＶ新法の影響で稼ぎにくくなった適正ＡＶに見切りをつけ、手っ取り早く現金を手にすることのできる違法アダルト映像に出演するなど、稼ぎの場がアンダーグラウンドへと潜る一方、歌舞伎町では年間売り上げ6億円のプレイヤーが登場し、ホストクラブの国内売り上げ記録を更新。まさにホストバブルが最高潮となった最中、ホストクラブを巡っての事件が社会問題化したことを受け、若い女性を風俗店勤務に追い込んでいるとして２０２３年11月９日に「悪質ホスト」問題が、国会で取り上げられた。

数日後の11月17日には歌舞伎町を擁する新宿区の吉住健一区長が記者会見を開き、ホストクラブに売掛金の自主規制を求めていく旨を述べるとともに、売り掛け金で多額の借金を負った人などに向けた弁護士による法律相談窓口を設置すると発表。また、歌舞伎町のホストクラブの経営者らも被害防止に向けた取り組みを進めるため２

024年4月に業界団体を設立する方針を示し、20歳未満の新規客の来店を禁止するほか、売り掛けの撤廃や反社会的勢力との関係を断絶するなどの自主ルールを設けるという。

そして現在、2024年2月。度々の摘発を受けて〈交縁〉で客待ちする女の数は驚くほどに減少した。多くのホストクラブは、社会問題として世間に周知されたことを受けて、条例で禁止されている客引きを担っていた〈外販〉と呼ばれるキャッチ業者の使用を示し合わせたかのように見合わせている。彼らの存在が路上からすっかりと消えた代わりに、初回無料キャンペーンを実施する店舗が続出。街中に「初回無料！」の文字が躍る一方で、さらなる差別化を図ろうと、一部のホストクラブは来店した新規客に対して現金やアマギフを配ったり、家電製品が当たるくじを用意したりと、あの手この手で集客に努めていて生き残りに必死だ。ホストたちの笑顔が大きく飾られたアドトラックは相変わらず街中をぐるぐると徘徊してはいるものの、2024年5月の東京都屋外広告物条例の改正による規則で、その存在を危ぶまれている。

円安の影響もあってか、インバウンドが戻ってきたことで以前よりも一層、歌舞伎町の街は賑わっているし、新宿駅から歌舞伎町へと向かえば、あきらかにホストとその客という組み合わせの男女と、何組もすれ違うことができる。

熱狂の真っただ中にいる女と野心に燃える男たちが織り成す、歌舞伎町の街の熱は、まだまだ冷めてはいない。

2024年2月、著者記す

まえがき

「ホス狂い」とは、ホストに狂っている／ハマってしまった女性のことである。

試しにTwitterで「ホス狂い」で検索してほしい。自ら「ホス狂い」を名乗り、〈担当〉と呼ばれている指名しているホストへの愛や憎しみ、不満や不安、はたまたホス狂いとしての矜持や自虐、自らがいかに担当に金銭を注ぎ込んでいるかを誇示している、数多くのアカウントをすぐに見つけることができる。

ホス狂いになった経緯や、ホストクラブでの悲喜こもごもなエピソードを綴ったブログやnoteも多くあるし、ホス狂いであることを売りにしたチャンネルを開設している女性YouTuberや、ホス狂いの生態を面白おかしく暴露するTikTokerなども存在している。

漫画の世界でも、ホス狂い（ホスト）の世界を描いた『明日、私は誰かのカノジョ』（著：をのひなお　刊行：小学館）は、累計300万部超（2022年6月現在）の大ヒットを飛ばし、MBS／TBSドラマイズムにて実写ドラマ化されるなど、コロナ禍をものともせず、今ホス狂い（ホスト）界隈は、大きな盛り上がりを見せているのだ。

それはホス狂いたちに〈歌舞伎〉と呼ばれて親しまれている、歌舞伎町の路上を歩けば、一目で理解できる。

多くの雑居ビルにはホストクラブの看板が掲げられ、大通りを走るアドトラックには、ホストの顔写真とともに「月間1000万PLAYER」「年間1億5000万PLAYER」といった、その稼ぎ出す額を誇る煽り文句が、仰々しくアピールされている。街頭に備え付けられた液晶ビジョンでは、まるで男性アイドルグループのように踊るホストたちの映像が流されていて、2022年現在、歌舞伎町で四方八方を見渡せば、必ずホストの姿が目に入る状況だ。

もちろんホストにハマる女性客は、昨日今日、突然生まれたわけではなく、以前から存在していた。が、ホストクラブを巡る状況は、ここ数年で大きく変化を遂げている。

例えば、集客ツールは、路上でのキャッチからTwitterやInstagramなどのSNSや、Tinderをはじめとするマッチングアプリが主流となった。女性たちがホストを知る情報源も、雑誌やテレビなどからYouTubeやTikTokなどに移行しつつある。ホスト自身がこういったツールを活用し、熱心に発信をしていることから、これまでホストに興味のなかった一般の女性たちの目にも触れる機会が増え、ぐっと間口が広がることともなった。

それに伴い、人気ホストが叩きだす売り上げも、年々額がエスカレートしているといわれている。ホストが、かつてよりも身近な存在となったことで、好奇心からホストクラブに足を運ぶ女性が増えたこともあるし、アイドル化したホストが、女性たちの「応援したい」という気持ちを煽り、消費に駆り立てている図式もある。

女性客たちの遊び方にも変化が見られるように思える。

かつてはホストといえば、女性に色恋を仕掛け、いわば騙すことで客に多額の金銭を使わせるというイメージが強かった。が、今のホス狂いたちを見る限り、必ずしもそうではないようなのだ。

例えば、本営という言葉がある。これは女性客に対して、本命の彼女だと思わせる営業方法だ。その分、使うお金も多く、エースと呼ばれる女性のほとんどは本営を掛けられているといってもいい。

ところが女性側は、本営と知って遊んでいる場合もある。つまり、彼女ではないことを冷静に理解した上で、彼女扱いされることを楽しんでいるのだ。だから、彼女たちのホストに対する欲求は高い。「本営なんだから、これくらいのことはしてほしい」と。

一方では、SNSで豪遊をしている様子をアップし、自分がいかにホストに高額を注ぎ込んでいるかをアピールするという風潮もある。他の女性客へのマウンティングであり、財力を誇示することで、太い客を探しているホストたちの食指を動かし、チヤホヤを得ることもできる。

ようするにホスト遊びは、今やホストクラブの店内で完結するものではなくなっているのだ。

　ホストクラブの客層も変化した。今でも風俗嬢とキャバクラ嬢が多いのは相変わらずだが、普通の女子大生やＯＬが非日常を求めて利用することも増えたという。その中にはパパ活で稼ぐ女性も多い。普通にしていれば、男性にモテそうな若い女性たちがホス狂いとなっているのだ（事実、今回、取材に応じてくれた方たちは、すべてルックスに優れた女性ばかりである）。

　ではなぜ、彼女たちはホストに狂うのだろう。現実社会で満たされないからホストにハマるという図式が崩れている以上、そこには何か別の理由がある気がしてならない。

　わたしは、官能小説家として女性の「欲」と「性」を中心に描いている物書きの端くれだが、その理由にとても興味がある。彼女たちの持つ、複雑な「欲」と「性」を解き明かしたいと思っている。

　そしてもうひとつ、どうしても腑に落ちないことがある。

　それはホストにハマる女性たちが、ホストによって人生を変えさせられた被害者として、世間一般では扱われる風潮にあることだ。ホストたちをevilな存在としてしまうのは、潔癖すぎて面白くないし、ホス狂いの女性をただただ搾取されている対象だと決めつけることはむしろ、彼女たちを逆に軽視しているのではないかと思う。

そういう思いで、ホストクラブに通う／通っていた女性たちに話を聞き、本書にまとめた。彼女たちはどうして、ホストに狂ったのだろうか。

2022年7月、著者記す

ホス狂い　目次

本書は「ホス狂い」（2022年8月、小社刊）を加筆、修正、再編集し文庫化したものです。

本書の情報は刊行当時のものです。

文庫化にあたって「現代ビジネス」（講談社）に掲載された新規の記事が追加されています。【編集部】

ホス狂い

エースで居続けるために大学中退を決めた女

有香

Yuuka　22歳

ホストクラブは『キラキラした、かっこいい世界』ってイメージだった

「今、大学四年なんですけど、もうやめようと思って。理由ですか？　担当のためにコミットしたくて。二、三年でかなり単位を落としちゃったこともあって、もともとやめたかったんですけど、担当に『大学をやめるか、悩んでる』って話をしたら『できたら、やめてほしいな』って言われて。そりゃそうですよね。ホスト側からしたら、学校をやめて全力で稼ぐのに注力してもらったほうが助かるだろうし」

都内の大学に通う22歳の有香（仮名）の第一印象は、〃はきはきとした活発な美少女〃だった。色白の肌に映える艶やかな黒髪のストレートロング。水色のミニ丈ワンピースに、ストラップ靴と白いソックスを合わせたガーリーなファッション。化粧はナチュラル。華奢な体型も合わさって、どこから見ても10代にしか見えない。

〃ホス狂い〃と呼ばれる女性たちの取材を始める前ならば「なぜ、こんなに若くてかわいい女の子が、わざわざホストクラブに足を運ぶのか。異性との出会いも、同年代の子たちとの飲み会だっていくらでもあるだろうに……」と考えたかもしれない。けれども、これまで取材したホス狂いの多くは、有香のような、若く清楚でどこか幼い

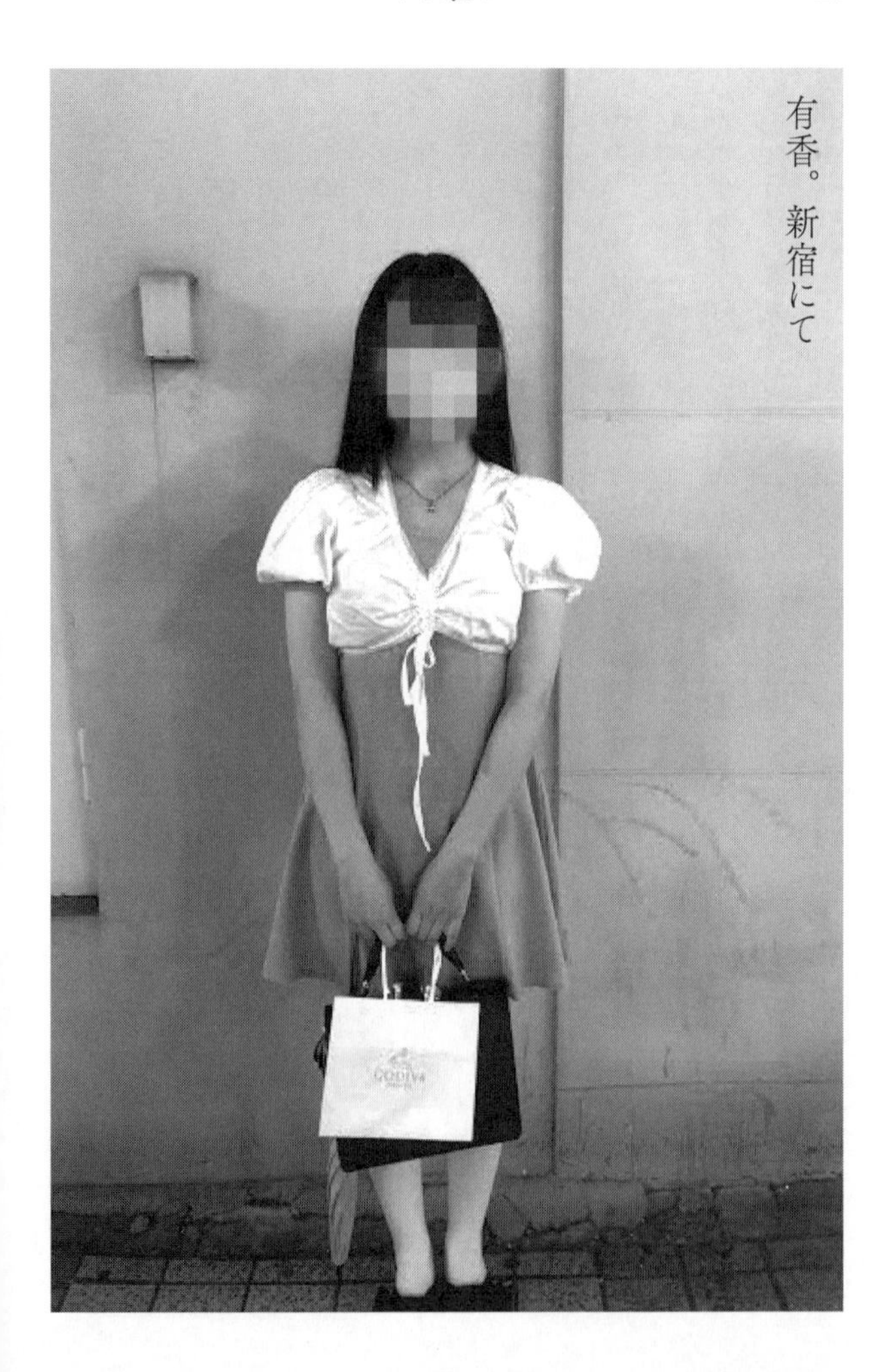

有香。新宿にて

面影を残した〝おじさん受け〟するタイプの女性が主流だ。

資産家の令嬢や富裕層の妻、成功した実業家といった資金力がある女性ではなく、普通の若い女性がホストクラブで遊ぶ資金を稼ぐにあたっては、風俗で働いたりアダルトビデオに出たり、パパ活などで知り合った男性を相手とした個人売春で稼ぐのが手っ取り早い。一方で、風俗の客やPと呼ばれるパパ活にいそしむ男性たちからすれば、お金を払って性行為をするのならば、若くて性的魅力のある女性を希望するのも当然のこと。ゆえに担当の売り上げにもっとも貢献する〝エース〟は、20代の、圧倒的にかわいらしい女性が多い。有香も今、デリヘルとソープ、パパ活で稼いだ金を担当に注ぎ込んで〝エース〟の地位にいる。

２０２１年6月22日。新型コロナウイルス感染拡大防止のため、まん延防止等重点措置が適用されている最中、有香と待ち合わせをした新宿駅からほど近い喫茶店Sは、いつものように、ほぼ満席だった。

有香と担当編集者のH氏、そしてわたしの三人が通された店内の最左奥のボックス席の隣テーブルには、濃いめのメイクにグレーのカラーコンタクトレンズ、黒いカットソーに、ぶかっとしたブルーデニムを身に着けた20代前半の女性、その並びには白いTシャツにベージュのチノパンを合わせキャップを被ったかわいらしい顔をした男性、テーブルを挟んで向かい側には幾何学模様の色味のあるシャツに、黒縁の眼鏡をかけた若い男性の三人組が和気あいあいとした雰囲気でおしゃべりに興じている。ホストとその客――女性の隣の男性が担当で、正面はヘルプ――かと思ったが、テーブルの上にマッキントッシュのパソコンが置いてあるし、会話の内容からして、どうやら仕事の関係のようだ。どちらにせよ、声の届く近くの席に、同年代の男女がいるとしゃべりにくいのでは、というわたしの心配は杞憂らしく、有香は気に掛ける様子もなく「初めてホストクラブに行ったのは？」というわたしの問いに声を潜めることなく答え始めた。

「二年くらい前。当時、インターンしてた会社の先輩のことを好きだったんですが、その人に『バイトでホストを始めたから、遊びに来てよ』って誘われて。ホストクラブは行ったことはなかったけど、もともと興味があったんです。『キラキラした、かっこいい世界』ってイメージで。敷居が高くて、なかなか行く勇気が持てなかったんですが、知り合いが働いていたら行きやすいじゃないですか」

かねてより憧れていたホストクラブ。

渡りに船とばかりに、ホストクラブデビューを果たした有香だったが、そのときはまったく楽しくなかったと言う。知人男性もすぐにホストを辞めてしまったこともあって、店を再訪することはなかった有香だったが、再びあるものを介して、ホストをしている男性と知り合うことになる。マッチングアプリのTinderだ。

「2020年の10月頃に、ホストをしている男性二人とたまたまマッチングしたんです。一人は同じ年でホストを始めたばっかりのU。ちょっと時間差でマッチングしたもう一人は、これまで勤めていたお店を辞めて、次のお店に移るまでの間だっていう年上のKという人」

かつて十年ほど前までは、路上で女性に声を掛けて店へと誘う〝キャッチ〟がホストたちの主力な営業方法だった。歌舞伎町の路上で、新人や、指名客を持っていないホストたちが、道行く女性に声を掛けて呼び止めている風景をよく見かけたが、2013年9月、「新宿区公共の場所における客引き行為等の防止に関する条例」が施行され、ホストクラブへの客引き行為は禁止されることとなった。

それに成り代わったのが、Tinder や Twitter、Instagram などのSNSを利用した客引きだ。わたし自身、Tinder で、プロフィールに「ホストをしています」という自己紹介文のある男性が表示されたので、試しにLIKEをしたところマッチングし、すぐにメッセージが届いたことがあるし、Instagram のハッシュタグ『#歌舞伎町ホスト』を辿ると、イケメンの自撮りやきらびやかなホスクラ店内での画像がずらりと並ぶ。Twitterでは、ポエム調のエモい俺語りや、炎上を狙っての〝痛客（酔って暴れたり、彼女だと勘違いしているかのような言動を取る、痛い客のこと）〟に対する無遠慮な口舌の投稿が多くみられ、もしも、それらのいずれかに興味を抱いたならば、即座に、直接本人にリプ（リプライの略。返信）を送ったりDM（ダイレクトメール）でやりとりすることもできる。ホス狂いの女性たちに聞いたところ、ホストクラブに通っている／通っていたことがある、という趣旨の発信をすると、見知らぬホストからDMが届いて営業を掛けられることもよくあるらしい。

ホストには様々な役割を担った〝カノジョ〟が複数存在する

有香もまた、Tinderで知り合った二人のホストから〝本営〟を掛けられたという。

〝本営〟とは、ホスト側が客の女性に、恋愛感情があるかのような態度を取る〝色恋営業〟の一種で、その名の通り客の女性を〝本命のカノジョ〟と思い込ませる営業方法だ。

いくら〝本命のカノジョ〟として扱われても、結局は営業上の〝疑似カノジョ〟なので、店にそれなりのお金を落とすことを望まれるし、イベント時や月末などには呼ばれ、高級ボトルやシャンパンなどの高額の支払いを負うことにもなる。したがって、店に多額のお金を落としてくれる〝太客〟や、その中でも最もお金を使う〝エース〟が本営の対象となることが多い。

また、〝本営〟をより強固にするために、同棲営業（営業の一環として同棲する）や、結婚営業（ホストをあがったら結婚しようと約束をする。両親を紹介される場合もある）と、さらに一歩踏み込んだ付き合いに発展することもある。もちろん〝本営〟とされる客は、一人のホストにつき一人だけというわけではなく、数人の本営が存在し、彼女らの家を順繰りに訪ね歩くかたちで、複数人の女性と同棲をしているホストもいるという。

一方で、イチャイチャしたり、時に外でデートをしたりと恋愛しているスタンスではあるものの、付き合っているという事実がない状態だったり、本命のカノジョではない（と女性側が認識している）場合は〝色カノ〟となる。

「今は付き合えないけど、真剣だ」「いつか付き合えたらいいと思っている」などと希望を持たせるようなことを言われれば、多少現状に不満があろうとも、未来の明るい展望を期待して「それまで頑張ろう」となるのは当然で、さすが女心の核心をついたテクニックといえる。

また、ルックスやスタイルが好みだったり、身体の相性が合うなどの理由で、セックス目的で付き合っている相手は〝ヤリカノ〟、終電を逃してしまったり、同棲中の本営と喧嘩して一緒にいるのが気まずいときなどに、宿や家を提供してもらうことを目的とする〝宿カノ〟〝家カノ〟、あまり売り上げへの貢献はないがルックスが好みだったり話が合うので、ホスト自身の趣味で付き合っている〝趣味カノ〟といったものも存在する。

ちなみに、これらの営業とはまったく関係のない、店に呼ばれることのない彼女は〝本カノ〟と呼ばれ、ホスラブをはじめとする掲示板などでは本カノを自称する書き込み主が、ほかの女性たちを煽ったり、また、特定のホストの本カノはいったい誰か、といった推理でたびたび、盛り上がっている。

〝ヤリカノ〟は一般的に言う〝セフレ〟とどう違うのか……という疑問もあるが、フレンドではなくカノジョという言葉を使われたほうが嬉しいという女心を汲んだものだと考えれば納得もいく。

とにかくホストには様々な役割を担った〝カノジョ〟が複数存在する。

だから「好きだ」と囁かれ「本命だから」と告げられ、肉体関係もあり、ホテルに泊まったり、自宅に泊まりに来ることもあり、さらには同棲をスタートして、両親に紹介までされたとしても、それらはすべて〝営業〟という可能性もあるということだ。

もちろん、女性客が、自分がどこに当て嵌められているのかは知る由もない。人の気持ちは流動的だから、ホスト自身もはっきりと区別がついているのかは不明であって〝趣味カノ〟が〝色カノ〟になったり、〝色カノ〟が〝本営〟になることもあり得る。〝本カノ〟以外のカノジョはすべて営業上の疑似カノジョだということは間違いないが、〝本カノ〟だったはずが、いつの間にか店に通うようになり、〝エース〟になっていた、という話もある。というわけで、有香もまた「本カノなのか、本営なのか」で悩むことになった。なぜならば、Uに呼び出されるのは、いつもプライベートの時間で、店の外だったからだ。

「Uはお酒が弱くて、夜中にいきなり『酔っちゃったから、迎えに来て』って連絡が来るんですよ。仕方なく終電で新宿まで迎えに出て、店の前でつかまえて、お水を買ってあげて。そこを通りかかるお店の従業員の人たちから『なんだあの二人は？』みたいな視線を浴びながら、担いでタクシーに乗せて彼の家まで送って。その時点でもう電車がないから、彼の家に泊まって始発で帰ってそのまま学校行ってって、そういうことが週1から2回くらいあって。介護してるみたいな感じで、疲れ果てちゃって。今考えると、担当が酔っ払ったときに、気軽に呼んでもらえる存在ってうらやましいなって思うんですけど、そのときは自分が彼女だと信じ込んでいるから、『なんで都合よく使われないといけないんだろう』としか思えなくて。しかも彼は、お客さんとも枕（セックス）したりするから、泊まりに行ったときに身体のあちこちにキスマークついてるみたいなのが耐えられなくて」

有香の自宅に泊めていれば〝家カノ〟とも判断できるが、泊まるのはUの家だ。となると、店に呼ばれるか否かが判断の決め手となる。実際、有香は店に、一度だけ足を運んだ。

「それも全然楽しくなくって。人生二度目のホストクラブですよ。まだ全然、行き慣れてない状態で、緊張していたせいもあるけどソファの背もたれに寄りかかって座ってたら、その日に家に帰ってから『なんであんな態度だったの？　もっと楽しそうにしてよ』って文句を言われて。なのに、売り上げがあがらない日が続くと、Uが〝病み営〟をかけてくるのが鬱陶しくて。当時、わたしは普通のアルバイトしかしてなくてお金がなかったから、ホストクラブに気軽に通える余裕もなかったし。だから『営業として付き合っているのかな』とか思いながら、『わからないから信じたい』って気持ちもありつつ、『でも、お店に通ってお金を使ってあげることもできない、どうしよう』って状態になってしまったんです」

〝病み営〟とは、しんどそうなところや、苦しんでいるところをアピールして、女性の同情や庇護欲に訴える営業テクニックだ。普段は本営や、疑似恋愛を装う色営、友達のような関係を築く友営であっても、売り上げをあげたい月末やイベント時など、ここぞというときに使う場合もある。

もちろん、本当に売り上げが心配で、本カノである有香に不安を漏らしている可能性だってある。

週に数回、夜中に呼び出され、肉体関係もあり、店に会いに行ったこともあるが、それも一度きり。果たしてUにとって自分は「本カノなのか、本営なのか」と、悩んでいた最中、有香はTinderでマッチしたもう一人のホスト、Kの店へと足を運ぶことになった。

大金を使うと気持ちが入っちゃって、もう引けなくなる

一応は〝彼氏〟がいながらも、Kに会いに行くことにしたのは、有香にとってKはアイドルのような存在だったからだ。プライベートでデートをするのではなく、店に

行くのだから浮気とも、また違う。

「もともと、Kのほうが自分のタイプに近くて。新しいお店に出勤を始めたっていうので、どうしても一度、会いたくてお店に行ったら、すごく楽しかったし、イチャイチャもしてくれて。それでガンってハマって、あっという間に200万円くらい使っちゃったんです」

200万はこれまでの貯金や、親への借金、クレジットカードも限度額ギリギリまで使い、かき集められるところから集めたという。こうしてKに瞬く間にハマってしまった——狂った——有香は、すぐにUに別れを告げた。

その理由として、Tinderで知り合った別のホストにハマってしまったこと。翌月に控えているKの誕生日には、小計100万円のシャンパンをおろす（ホストクラブではシャンパンを注文することを、おろすという。小計はメニューに書かれている値段で、小計100万円のシャンパンの場合、税金・サービス料などが加算されておよそ会計額は150万円ほどになる）予定であることを、Uに伝えたものの、Uは「俺のほうが大事にするから、戻ってきたほうがいい」と譲らない。仕方なく、有香はすでに200万円ほど使っていることを告白し、ようやくUは諦めて別れることを了承してくれたという。

「Uもホストなので、大金を使うと気持ちが入っちゃって、もう引けなくなってるっていうことを、わかってくれたんですよね。Uの店に行ったときに使ったのは2万円だけだったし」

いくら売り上げをあげたかが、自分の価値に直結するホストにとっては、金は愛の深さの証といってもいい。自らに費やされたのはたった2万円、相手の男には200万円。あっさり身を引くほどのダメージをUは被ったことは間違いない。

こうして無事にUと別れた有香は、Kに完全移行するも、すでに貯金は使い果たしている状態だった。が、目前にはKの誕生日が迫っている。

「もう親に借りるのも無理で、これ以上は自分で働くしかないなって。手っ取り早いし、それしかないと思って、デリで働くことにしたんです。あとは高校生の頃から細々とやっているパパ活と」

デリヘル、通称デリは、客の自宅やホテルなどに出張し、性的なサービスを提供する風俗だ。パパ活は、パパ活アプリや交際クラブなどで相手を見つけ、茶飯（お茶や食事をすること）で一回1〜2万円ほどの現金をもらうのと同時に、買い物代などを支払ってもらう。

そうして得た金銭で、11月のKの誕生日にはシャンパンをおろし、月間で200万円、その翌月の12月の中旬までで１４０万ほど費やしたところで、突如、Kと連絡が取れなくなってしまった。

「本当はクリスマスにも会う予定があったのに『体調を崩した』って会えなくて。Kには、わたしがエースだって言われていたから、クリスマスに会えないっていうのは、本カノと会うからだろうって思ったけど、信じたくないって気持ちもあって。わたしとKが出会ったのは10月の終わり頃だったので、代わりにクリスマスと月の記念日をまとめて『締め日にやろうな』って言われていたのに、まったく連絡が付かなくなっちゃって」

締め日というのは、月の最終営業日のことだ。その月の総売り上げが決定すると同時に、ナンバーと呼ばれる各ホストの売り上げ順位も決まる。ナンバーの上位に入ることを目論んでいるホストは、締め日には多額の金を使ってくれる太客を店に呼び、呼ばれた客たちは、担当をひとつでも上のナンバーに押し上げるべく、高額なボトルやシャンパンのオーダー合戦を繰り広げる。エースであるはずの有香は、呼ばれて当然のはずであったが、当日を過ぎても音沙汰がなかった。

『いちばん、お金使ってるよ』と言われて嬉しくて

「LINEのブロックはされてないから、年始に営業が始まったら、また連絡が来るかなと思って。しつこくせずに、年明けの営業でシャンパンをおろせるように稼いで、いい子にして待っておこうと思ってたら、営業が始まっても連絡が来なくて。いよいよどうしたのかなって思ったら、実は警察に捕まってることが判明したんです」

実はKには、ホストを始める二年ほど前から付き合っていて、一緒に暮らしてもいる〝本カノ〟の女性がいた。が、その女性に対して殴るなどのDV行為を行っていた上に、12月に入ってからは、二人で飼っている犬にまであたるようにもなり、耐えきれなくなった女性が警察に通報。Kは逮捕されることになったという。有香がそのことを聞いたのは、Kの親友のYからだった。ちなみにYは、Kとは別の店でやはりホストをしている。

「Yとは実際に会ったことはなくて、でもTwitterではお互いにフォローしててつながっていたんです。で、『この人なら何か知ってるかも』ってDMを送ったら、実は本カノにDVをして捕まってるって話が出てきて。でも、その事実を知っても、わたし

がKのことを好きな気持ちは1ミリも変わらなかったし、本カノと別れてくれれば、わたしが本カノに昇格できるだろうから好都合くらいのノリでした。むしろYのほうが、親友がそんなことになって元気がない感じだったから『焼肉でもご馳走するよ』って誘って一緒に食事をしたあとに、年明けの初営業だっていうYのお店に行くことになったんだけど、それが楽しくって、それから5日くらい連続で通ったんです。たぶんお互いが寂しくて一人になりたくなかったこともあって、毎日のようにアフターしてくれたり、『今日も泊まりに来る？』みたいな感じで家に誘われたりして。そうしたら『いちばん、お金使ってるよ』って言われて。わたしはエースでいたいって気持ちが強いので、嬉しくて」

実はそこが最初から疑問だった。というのもKと出会った月、有香は借金までして200万円を突っ込んでいる。Uに対しても「お金がなくて、店に通えなくて申し訳ない」という気持ちを抱いていたと語っていた。

有香からは、積極的に〝ホストに多額の金を投じたい〟という意向を感じる。Tinder でUやKとマッチングしたのも、担当を見つけることを期待しての、いわば〝ホス活〟のようなものといえるのではないか。

もちろん、もともとホストクラブに興味があったことは、すでに聞いている。だとしても「ちょっと覗いてみるだけ」というライトな感じではなく〝エース〟、言い換えれば〝ホス狂い〟になることを望んでいるような気がしてならないのだ。

本カノっていうよりもパートナーとして一緒にいたい

有香はなぜ〝エース〟を目指すのか。

「私は好きなタイミングでお店に行って、ガーッと飲んで、ホストの順位とかも気にせず、月に20万くらいで遊ぶっていう遊び方には興味がないんです。けど、自分が本営されてるってことは、ほかの客にも本営してるとして、本営の中の一番が誰かっていったら、いちばんお金を使ってる子だと思う。本カノになれないなら、せめていちばん使ってる子の位置にいたい。１００万円くらいで本営されたところで、上には２００万円とか３００万円とか使う子がいるから、圧倒的な1位にはなれないし、それ以上に自分より使う存在がいるのが無理。いちばんじゃないと嫌、自己満足なんですけど。圧倒的エースがいい」

そんなふうに〝エース〟へのこだわりを持つ有香にとって、Ｙの発言は、心を揺らすのに十分だった。その後、釈放されたＫから再び連絡があり、やはり好きだという気持ちは消えずに会いに行ったものの、Yから、『Kにはまた別の〝本カノ〟ができた』と聞かされ、「結局、本カノと切れても、選ばれるのはエースじゃないんだなっていう現実を感じて、一気に冷めちゃった」という。

そして今の有香の担当はYだ。

Kからすると、親友であるはずのYに、有香を横取りされたという話になる。が、有香の心変わりが責められるいわれはない。なぜならば、誰を担当にするかは、客である有香が決めることだからだ。

「今の担当とは、出会い方が特殊だからか、絆というか、戦友というか……友達みたいな感じ。『本営してくれ』ってふざけて言ったこともあるんですよ。そしたら『マジでできないんだよな』って。でも、実際に『ホテルに行こう』って言われたら、『どうしたの？』ってなっちゃうし、終わっちゃう気がする。もちろん、結ばれたいって気持ちがないわけではないけど、でも本カノになったりとか、同棲して結婚したりすると、嫌な面が絶対に見えてくるわけじゃないですか。好きだからこそ見えないほうがいいのかなって。綺麗で、かわいい人と幸せになってほしいと思ったりもするけど……いろいろ考えます。でもなるようにしかならないから、考えないようにしようって。本カノっていうよりもパートナーとして一緒にいたいですね。親友って位置でもいいし、お互いが信頼し合える存在として、できればずっと一緒に居続けたい」

親友のような絆で結ばれたホストの〝エース〟で居続けるため、有香はもうすぐ大学をやめる。これが彼女の〝選択〟だ。

5千万以上の〝売り掛け〟を抱える女

結衣

Yui　30歳

「売り掛け」というシステムはどんな意味を持つか

ホストクラブには、その日に支払えなかった飲食代を後払いにする「売り掛け（未収）」というシステムがある。女性客は猶予された会計を、入金日までになんとかして作って支払えばいい。ゆえにその日、手持ちの金がなくても、高額のシャンパンやボトルなどを入れることが可能なのだ。その場のノリで使っても、あとから帳尻を合わせることのできるこのシステムによって、ホス狂いたちの使う金額は高額化している。

風俗には「出稼ぎ」という働き方がある。地方などの風俗店に出向き、店側が用意する寮に滞在して一週間なり十日なりみっちりと働いて稼ぐ。スカウトを通して店を斡旋してもらえば、稼ぎたい金額に見合った店を見繕ってもらうことはもちろん、地方へと赴く交通費や客入りが悪かった場合の保証をしてもらえる場合もある。

担当に「出稼ぎに行く」と告げることは「大金を稼いでくる（それをホストに使う）」という意思表示でもあり、ゆえに出稼ぎに行く姫（ホストクラブでは、女性客のことをこう呼ぶ）を駅ホームまで送ったり、出稼ぎ中のメンタルケア（略してメンケア）するのも、ホストの役割とされている。

入金日までにお金を用意できなかった場合は、ホスト個人がその未収金を負うことになる。だから、「売り掛け」はホストにとって諸刃だ。売り掛けというシステムを利用して売り上げアップを試みることができる反面、もしも飛ばれた場合には、自腹で支払うことになるからだ。もちろん、飛んだのではなく、なんらかの理由で女性客が全額入金できなかった場合でも、ホストが立て替えることになる。だから「売り掛け」で飲むことを許可されるのは、担当から相応の信頼を得ている、ということにもなる。

ホストクラブは承認欲求を満たしてくれる場所

都内の高級ソープに勤めながら、某有名グループ年間売り上げランキング上位ホストの〝エース〟である結衣（仮名・30歳）には、現在、担当に5千万以上の立て替えがあるという。あらかじめ担当編集者から、そんな事前情報を知らされていたわたしは、夕刻、新宿の駅からほど近い喫茶店に現れた結衣を見て、正直なところ少し驚きを覚えた。

タートルネックのニットに膝丈のスカート、アウターは黒いダウン。地味なOL風のファッションを身に纏った結衣は、黒髪のセミロングが似合う楚々とした雰囲気の美人だった。身を持ち崩した雰囲気がまるでない。

人は見かけで判断できないこと、誰もが外からは伺えない事情を抱えていることを、十分に理解しているつもりだった。けれども、結衣のルックスと借金の額とが、なかなか結びつかない。

「ホストクラブの魅力って、どういうところですか？」

この女性がホストに狂って、5千万円もの掛けを背負っているということを、道端ですれ違う、誰が想像できるだろう。少しうろたえながら尋ねたわたしに、結衣はしばし考え込んだあと、こう答えた。

「自己承認欲求が満たされるところですね」

「ホストたちが楽しませてくれるから」とか「好みのタイプのイケメンと飲めるから」といった返事を予想していたから、少し意外な言葉だった。

それに自己承認は自分で自分を認めること、他者承認は他人から認められることなのだから、ホストクラブで満たされるとすれば、むしろ他者承認欲求のほうではないか。疑問に思っていると、結衣は言葉を選ぶように、ゆっくりと話し始めた。

結衣。新宿にて

「ホス狂いって、評価制度の家庭で育った子が多いと思うんです。テストで100点が取れたら親が優しくしてくれるとか、学芸会で賞を取ったらようやく褒めてもらえたとかで、『頑張らない自分は、価値がない』って思ってる。だから、水商売なり風俗なりで稼いだお金を、ホスクラで使って〝結果を出す〟っていうことにハマっちゃうんだと思います」

迷惑系YouTuberやバイトテロ、SNS中毒、掲示板に降臨する女神、整形や買い物依存といった、現代の若者を取り巻く様々な問題を紐解く際、その原因が「強い承認欲求」にあると指摘されることは多いが、結衣にとっては、ホストクラブでエースになることが、最も承認欲求を満たすことのできる行為だという。だから、結果を出す――いちばん金を使う女という立場を得るために結衣は、ソープランドとメンズエステとを掛け持ちしながら、ほとんど休日を作らずに働き、稼いだお金をひたすらにホスクラ通いに注ぎ込んでいる。

ホストクラブは、女性たちが身を削って訪れる場所である。

エースを取るためには毎月、莫大な金がかかるのは当然のことだが、軽く遊ぶにしてもホストクラブの飲食料金は、総じて高い。例えば、コンビニで買えば150円ほどの缶に入ったサワーが二本セットで3～4000円、発泡酒でさえも二本で1～2000円もする。シャンパンや高級ブランデーともなると、数十万から数百万となり、先日、結衣がおろしたリシャールは一本250万円以上、それを二本入れたことで、伝票に書かれた会計は1千万ほどだったという……と計算が合わないように思えるが、ホストクラブの会計の仕組みは少しややこしい。ビールや焼酎、ボトルやシャンパンなどにつけられた価格は『小計』と呼ばれていて、そこにセット料金や、店によってはT・C（テーブルチャージ）、指名料が加算される。さらに消費税とサービス料とを合わせたTAXが20％～40％ほどつけられたものが、支払う会計額となる。

業界最大手のひとつで、歌舞伎町を中心に30店舗以上の直営、フランチャイズ店を持つグループダンディの『TOP DANDY 本店』のHPには、親切なことに、〃お会計例〃が紹介されている。セットのみ（飲み物別途）2万8000円、指名と缶物四缶（二セット）オーダーの場合は2万9700円、指名と鏡月フルボトルに割物ピッチャー二杯オーダーの場合は、3万8700円（初回入店は別）となる。

国税庁の「平成30年分民間給与実態統計調査結果について」によると、女性の給与所得者の年間平均給与は293万円なので、一般企業の給料ではホストクラブで遊ぶことはなかなかの贅沢だし、なりたいと願ったところで、OLの給料だけでエースとなるのはおおよそ不可能だ。ゆえにホス狂いが高じてエースとなっている女性たちのほとんどは、水商売かAV、風俗業、もしくはパパ活などで稼いでいる。会社の経費で飲む男性も多いキャバクラとは違い、ホストクラブは、女性たちが身を削って訪れる場所なのだ。

初めての風俗勤めはピンサロ。初体験の相手はそこのボーイ

結衣が風俗を始めたのは、ホストが原因ではない。

大学に入ってしばらくした頃、友人と錦糸町で飲んだ帰り道、路上でキャッチにスカウトされたのがきっかけだった。

「『ガールズバーで働きませんか？』ってキャッチされて。いつもなら断るんですけど、酔っ払ってたから、番号交換したんです。後日、話だけは聞くかと思って、喫茶店で会ったら、ちょうどガールズバーの募集は終わってしまったと言われて、代わりに紹介されたのがピンサロ。『接客する30分のうち、10分はお客さんと話してください、5分は片付け。残りの15分だけちょっとエッチなことをしてください』って説明

されて。

そのとき、まだ処女で。どうしようって思ったんですけど、わたし、浪費癖があって、欲しい洋服とかバッグとか買うのに、大学の奨学金に手をつけちゃっていて、親にそれを返すように言われてたんです。だから、『処女でもいいんですか？』って聞いたら『指入れとかはあるけど、大丈夫だと思う』って言われたのと、友達が一緒で心強かったっていうのもあって、そのお店で働くことにしたんです」

ひょんな行きがかりでピンサロに勤めることになった結衣だが、水が合ったという。

「わたし、家では姉にブスとか貧乳とかデブとか、暴言を吐かれながら生きてきたんです。それで自己肯定感がすごく低かったんですけど、お店だとお客さんが、かわいいって言ってくれたり、指名してくれるのが嬉しくなっちゃって。それでたくさん指名を取れるように頑張ってました」

自己肯定感。これもまた、近頃よく耳にする言葉だ。

内閣府の調査（令和2年版　子供・若者白書）によると、韓国やアメリカ、イギリス、ドイツ、フランス、スウェーデンなどの諸外国に比べ、日本の若者は自身を肯定的に捉えている者の割合が、低い傾向にあるという。

日本の若者の自己肯定感の低さには、自己有用感の低さが関わっているとも報告されている。自己有用感とは、周囲の人や社会とのつながりの中で、自分が役立っているという感覚だが、結衣の場合はピンサロで働くことで、それを得ることができたのかもしれない。

「あるとき、『今日は女の子が少ないから、ラストまで残って』って言われて。『終電があるから無理です』って断ろうとしたら、『仲のいいボーイのところに、泊まればいいじゃん。お前ら二人なら、何もないでしょ』って。わたしは、実はそのボーイのことをちょっと好きだったんですよね。だから、『やった！』って思って。で、一回目はエッチしなかったんですけど。それで上の人も安心したのか、ラスト要員に使われることが増えて。実は二度目に泊めてもらったときに、セックスをして、以降はヤリまくってたんですけどね」

風俗店の男性スタッフが、勤めている女性と肉体関係を持つことは、風紀と呼ばれご法度とされている。好意や親しさからえこひいきが生まれ、特定の女性にフリーの客や太客を優先的に付けたり、出勤のシフトを優先するなどの優遇が起きると、ほかの女性キャストたちに不公平感を抱かせかねない。キャストたちのモチベーションが下がれば、最悪の場合、退店してしまうこともある。風俗店は女性キャストがいてこそ、売り上げが成り立つ。なので、店の空気を乱す危険性を孕んでいる風紀は、厳しく禁止され、発覚した場合にはスタッフ・キャストの両者ともに店を追放されるのみならず、多大な罰金が科せられることもある。

が、一方では色恋管理というものも存在している。女性キャストに恋愛感情を抱かせ、それを利用して店側に都合よく働かせるテクニックで、スタッフが個人的にしている場合もあれば、店側もグルになっている場合もある。

「お店には絶対内緒だよって言われて、身体の関係を続けていたんですけど、一年経ったときくらいに、その人がお店を辞めちゃって。わたしは彼にガチ恋だったから、いないとお店に行ってもつまらないんですよ。だからわたしもお店を辞めることにして、彼に連絡してみたら、今は風俗のスカウトマンやってるって。彼の紹介でヘルスで働くことになって。セフレみたいな、ヒモみたいな感じの関係を続けていました」

スカウトマンは、キャバクラやＡＶ、風俗店などに女性を斡旋することで、仲介料を得る職業で、スカウト会社に所属している場合もあれば、フリーで活動している者もいる。

仲介料には、買い取りと、永久バックの二種類のシステムがあり、キャバクラなどのナイトワークの場合は買い取り。ピンサロやヘルス、ソープやＡＶなどの場合は、永久バックのことが多い。業種や状況によっても違うが、風俗店への斡旋の場合、女性が紹介先の店舗で働き続ける限り、おおよそ総額の10％から25％程度がスカウトの手に渡り続ける。

しかし、これらのスカウトはグレーな仕事だ。そもそも職業安定法によって、有害業務の紹介は禁止されている（職業安定法63条の「次の各号のいずれかに該当する者は、これを1年以上10年以下の懲役又は20万円以上300万円以下の罰金に処する。2号　公衆衛生又は公衆道徳上有害な業務に就かせる目的で、職業紹介、労働者の募集若しくは労働者の供給を行つた者又はこれらに従事した者」）。

実際に、本番行為のあるソープランドやAVなどに斡旋した業者が、売春防止法違反になり得るとして逮捕された例などもある。

ホストと出会ったきっかけはストリートナンパ

話を本筋に戻すと、結衣が初めてホストクラブに足を運んだのも、その頃だった。

「大学三年生のときだったと思うけど、友達と歌舞伎町で飲んでたら、男の子二人組に声を掛けられたんです。『飲もうよ』って誘われて、その夜は一緒に飲んで、楽しかったからアドレス交換をしたんです。後日、そのうちの一人と連絡を取ったら『実は俺、ホストやってんだよね』って。何度か、普通にデートしたんだけど、あるとき『仕事に行かないといけないけど、まだ一緒にいたい。お金は俺が出すから、ちょっと店に来て』って誘われて行って、それでホスクラの楽しさを知ってしまったんです」

ところが三か月ほど彼との関係が続いたところで、結衣の妊娠が判明する。もちろん彼の子どもだ。男性側は産むことを願ったが、結衣は無理だと判断。堕胎するために、一緒に病院に行くことになったものの、待ち合わせの場所でいくら待っていても来ない。堕胎には同意書が必要だったので、男性の家まで迎えに行こうとしたところで、見知らぬ女性と自転車の二人乗りをしている姿を発見。向こうは結衣の存在に気付いたものの、そのまま無視して走り去っていってしまったという。

「驚きすぎて何もできなくなって。自殺しようかと思って、友達に『今から電車に飛び込むから』って言ったら、『私、これからバイトだから、やめてくれ』って（笑い）。それじゃあっていうんで、彼のお店に行って、連絡取れるかって聞いたら、『連絡が取れない、店を飛んだ（※申し伝えることなく、突然辞めること）』と。しぶしぶ仲のいい男友達に事情を話して、同意書を書いてもらって、堕ろしました」

時間をかけ女性客を、太客やエースに育てあげる、ホストの「育て」

それに懲りて、ホストクラブに通うこともなくなった……と思っていた数か月後、ネットの掲示板を通じて知り合った男性とのデートの約束に遅刻してしまい、怒って帰られてしまう出来事があった。せっかく新宿に出てきたのに、そのまま帰るのは寂しいと思っていたところ、歌舞伎町のセントラルロードでキャッチをしていたSというホストに話しかけられて「500円でいいから」と誘われ、Sの勤めるホストクラブで飲むことになった。そこから結衣の本格的な〝ホス狂い〟の日々がスタートする。

「Sと後日、ご飯を食べに行ったんですけど、お互い漫画が好きっていうので、漫画喫茶に寄ったんです。個室シートだったから、ゴロゴロしてたらチューしちゃって。Sは同い年の大学生だったんだけど、ホストをしつつも弁護士になりたいって夢があるって語ってくれて。『こういう人間だけど、いい?』って。『いいよ』って答えたら『じゃあ、これから彼女ね』って言われて付き合うことになって。最初の二か月くらいは、お店に呼ばれることもなかったんだけど、あるとき、『出勤前に、ちょっとだけ会いたい』って誘われて、一緒にご飯を食べていたら『今日、先輩のバースデーなのに誰もお客さんを呼べてない。半額でいいから来てほしい』って言われて。それでお店に行ってシャンパンをおろしたら、以後、何かにつけて呼ばれるようになって。あっという間に、そのお店でいちばんお金を使う、店エースになったんですよね」

店エースとなった結衣は、より多くの稼ぎを得るために当時働いていたデリヘルで、こっそりと本番行為をしていたという。が、Sに「デリで本番するならソープに行けば？」と勧められて、ソープランド（浴槽のある部屋［浴室］で、女性が男性客に対し性的サービスを行う風俗店。たてまえとして「自由恋愛」に基づいた「本番行為」がある）へと転職。毎日のようにホストクラブに足を運ぶようになった。

「ソープのお客さんと裏引き（店を通さないで直接取引すること）で会って、愛人契約して、何百万とかもらってました。そのお金でシャンパンタワーをしたりして、お店のみんなもすごくチヤホヤしてくれたので、ほぼ毎日行ってました」

時間をかけ女性客を、太客やエースに育てあげる、ホストの「育て」という営業方法に見事にハマった……かどうかは、Sの真意がつかめない以上不明だが、結衣は店エースとしてチヤホヤされるという楽しみを知ることとなった。

そんなSとの決別は二年後に訪れた。口癖のように「ホストを辞める」と言いながらも、いつまで経っても辞める素振りがないSに、結衣が愛想を尽かしたのだ。がS

との関係は切れても、結衣のホストクラブ通いは、すぐに新しい担当を見つけて継続することになる。〝ホス狂い〟をやめる気がなかったからだ。

ホストの悩みはホストでないと解決できない

「わたし、その頃にはAVにも出ていたんですよ。その撮影を通じて知り合った女の子に『担当のいるホストクラブに、Yっていうホストが移籍してくる。その入店祭りに行こう』って誘われて。Yは雑誌にも載ってるような有名なホストで。わたしももう、ある程度は感覚がわかっていたので『初めてだし、20万くらい持っていけば、シャンパンでお祝いできるかな』って心づもりしていたんです。ところが当日、店内にシャンパンタワーが立っていたんだけど、そのタワーをするはずだった子と連絡が取れなくなっちゃったとかで。店の社長とか代表とかに、ずらっと囲まれて『お金はいつになってもいいから代わりにしてくれないか』って頼まれて。かわいそうだしなって思って、結局、掛けっていう形で90万円のタワーをしたんです。その掛けの負い目で、Yの言いなりにならないといけない状態になって。バースデーがあるからまたタワーをやってほしいって言われて、追加で100万。ひと月に何人のお客さんを呼べたかのランキングに入りたいから、毎日来てくれ。それも掛けでいいって言われて90万……その後、一年くらいは奴隷のように、呼ばれたら行くっていう状態でした。お店行くとまた使っちゃうので、ずっと掛けが消えないんですよ」

売り掛けの締め日は、多くの店が月末に設定しているが、そこで入金されなかった分は、ホスト自身が立て替えることになる。売り掛けどころか、ホストに立て替えまでしてもらえる結衣は、よほど信頼されていたともいえる。

が、そもそもはY（どころか店側）から、懇願されるかたちで引き受けることになった掛けだ。結衣が負い目を感じる必要は、本来まったくないし、むしろ初見の女性客に成り行きで掛けを作らせたのだから、Yのほうが立場が弱くなるのではないか……とも思うのだが、そういうわけではないらしい。だが、雪だるま式にどんどん増えていく掛けが負担にならないわけはなく、やがて結衣は、ある決意をYへと告げることとなった。

「Yに『お店でもう飲まない。掛けを返すだけにする』って伝えたんです。でも、Yのことが好きで好きで仕方ないから、悲しすぎて荒れちゃって。ホストの悩みはホストでないと解決できないから、あちこちの店に担当を、それこそ十人くらい作って気持ちを紛らわせてました。Yには、『今日はこれしか稼げなかった』って嘘を言って、

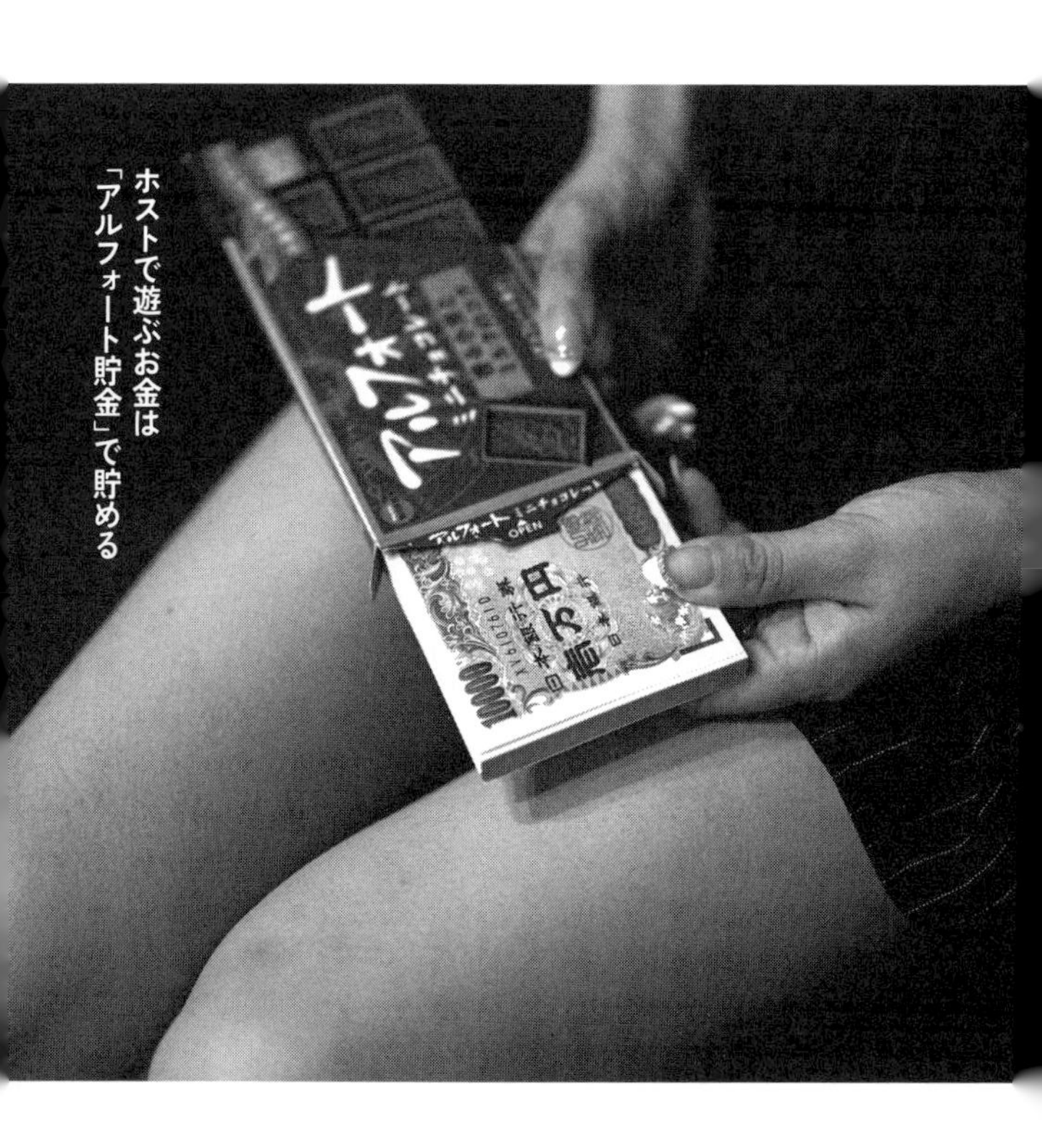

ホストで遊ぶお金は「アルフォート貯金」で貯める

別のお店に行くっていう遊び。そこでは各担当に細々と使いつつ、たまにはシャンパンくらいは入れて、これまでに有名ホストにどれだけ使ってきたかっていうことを言うと、みんな、ものすごくがっついてくるのが楽しくて」

ほとんどのホストクラブは永久指名制となっていて、一度担当を決めたあとは、指名替えをすることは禁止されている。が、他店であれば当然、そのルールは適用されない。他店でエースを張るほどの太客の担当となり、現在最も推されているホストよりも、さらに気に入られることになれば、自分の太客に化ける可能性もある。結衣に、これまで担当に使ってきた金額を誇示されたホストたちは、さぞや色めき立ったことだろう。これまで結衣がホストに費やした金額は、ホストクラブでチヤホヤされるための武器ともなるのだ。

『本当に好きになっちゃった。俺を選んでほしい』って言われて

ところが、そこからほどなくして、結衣はホス狂いを卒業することになる。当時、働いていた吉原のソープランドの客が、結衣の借金の肩代わりを申し出てくれたのだ。

「『肩代わりしたお金は返さなくていい、幸せになってほしいから、君にあげる。そ

の代わり、時々は、僕と会ってご飯とか行ってくれると嬉しいな』って言われて。神ですよね。それまでも、そういうお客さんはいたんだけど、愛人契約と交換で、何回契約とか、何年契約とか、ひととき融資（性的関係を見返りに、お金を貸し付ける個人間の融資。出資法違反、貸金業法違反となる）とかばかりだったので、この人を裏切ってまたホストに行ったら、さすがに地獄に堕ちるんじゃないかと思って、行くのやめました。連絡先も全員ブロックして」

こうして一旦は、きれいさっぱりホストクラブから疎遠になった結衣だったが、2019年に再びホストクラブに舞い戻り、今は5千万の売り掛けを持つほどに、ホストクラブにハマっている。なぜ、舞い戻ることになってしまったのか。

「ホストに行ってない五年間は、昼職（ナイトワークや風俗ではない、いわゆる一般的な仕事）で普通にOLをしたり、高学歴で大企業に勤めている男性と付き合ったり、歌舞伎にハマったり、Tinderでセフレを見つけたりしてたんです。浪費癖は治らなかったので、お金がなくなったら、短期で昼職とデリを掛け持ちしたりして。そこで見つけたお客さんと外で会って、毎月のようにエクシブ（リゾートトラスト株式会社が管理・販売を担う会員制リゾートホテル。法人の福利厚生などに使われている。ラグジュアリーなことで知られている）に泊まりに行ったり、お金はくれないけど太いパパができて、好きなものは何でも買ってもらったりって、優雅な暮らしをしていたんです。

けど、昼職の会社に派遣で来ていた女の子が、『なんか、同じ匂いがするなぁ』って感じで。聞いたらやっぱり昔、風俗とかキャバをやっていたと。でも、ホストクラブには行ったことがないし、行ってみたいっていうから、初回なら安いからって、一緒に行くことになって。

ちょうどその頃、Twitterのアカウントに知らない10歳年下のホストから『ご飯でも行きませんか？』ってDMが来てたんですよ。わたしが『ホス狂いだった頃が懐かしい、シャンパン入れたい、ホスト行きたい』とかつぶやいてたら、検索して見つけたみたいで。ご飯って言いながら、お店に連れていくのがバレバレなのに、営業頑張っててえらいなって思って『いつにする？』って言いながら放置してたんですけど、どうせなら、その子のところに行ってあげようと思って。

で、お店に行ったら、Yで荒れてるときに十人くらいいた担当の一人が大成して作ったグループのお店で。『このお店の会長を昔、指名してたよ』って言ったら『すげー』とか驚かれて、ちょっといい気分になって。その日、営業終わってからアフターにも誘ってくれて、10歳も年上のババアと枕するくらいの頑張り屋ですごいなと思って『いつ誕生日なの？』って聞いたら、7月だって言うので、『じゃあそれまでにお金を貯めるね』って約束してあげて。そこからまた掛け持ち生活。結局、バースデータワーやったし、毎日行ってあげたし、簡単にエースになれましたね」

久しぶりのホストクラブはやはり楽しく、「もっといろんな店に行きたい」と思った結衣は、10歳年下のホストの店に通いつつも、並行してあちこちの店の初回を訪れるようになった。そこで出会ったのが、現在の担当であるTだった。

「Tは昔、某グループの年間売り上げランキングに入ったことがある、一日で何千万も使わせちゃうすごい人。わたしが『すごいね』って言ったら『昔はね、今は全然だし。今はゆるくやりたいから。ここにもゆるく来てくれたらいいよ』って言ってくれて。だから、たまに年下の担当の愚痴を言いに行くみたいな感じで、担当を二人作って楽しくやってたんだけど、あるとき、『本当に好きになっちゃった。ほかの男と枕をしている結衣を見るのがつらい。俺を選んでほしい』って言われたんです」

10歳年下のホストと、同年代の有名ホスト、板挟みになった結衣だったが、選んだのは後者のTだった。

「年下のホストが働いていたお店があんまり雰囲気がよくなくて、カスみたいなホストばっかりだったんですよ。だから楽しかったのは、Tのお店のほうっていうのもあったし、わたしの誕生日、たまたま向こうも店休日だったから会うことになって食事してお祝いしてくれて。そのお礼に100万くらい使ったら、もうTのほうが大好きになってしまいました」

大金を使うと好きになるマジック

ホス狂いの女性たちが共通して言うのが、この「お金を使ったら、好きになってしまった」というセリフだ。お金を使わされたら、「金目当てなのか」と、嫌いになりそうなものだが、そもそも金銭が介在していることが前提のホストと女性客の場合は、また違うらしい。

経済学の概念には、サンクコスト（埋没費用）効果というものがある。「すでに支払ってしまい、取り返すことのできない金銭的・時間的・労力的なコスト」を示すが、これは恋愛行動にも適応するとも言われている。相手にお金や時間を費やせば費やすほど、もったいないという心理により、その対象にのめり込んでしまうという仕組みだ。その効果に影響されたのか真偽のほどは定かではないが、すっかり心はTに傾き、冷たくなった結衣を、10歳年下のホストは、必死に引き留めようとしたという。

「『お金もなくなってきたし、最近セックスもしてくれないし、わたしのこと、別に好きじゃないんだろう』とか、適当に言いがかりをつけて、会いに行くのをやめていたんですが、それでも夜中に泣きながら電話をしてきたりするんです。仕方なく相手をしていたら、ちょうど同じタイミングでTからも電話がかかってきて、『こんな夜中に電話してるなんて、相手は別の店の担当の、年下のホストだろう』ってブチギレられて。お店に謝りに行ったら、店内でビンタされるっていう事態になって。それでそこから奴隷のようにどんどん掛けをさせられて、なうって状況です」

泣き落としvsバイオレンス、結衣が選んだのは後者……というよりも、数百万の高額ボトルを入れた時点で、すでに心は決まっていたと思うのだが、突然、暴力を振るってきたTに引く気持ちはなかったのだろうか。

「私、Mなんですよ。べつに流血するほどでもないから」

殴られることもよしとする。そんな結衣にも、されたくないことがあるという。

「たぶん全ホス狂いが思ってることだと思うけれど、守れない約束はしないでほしいです。例えば『ミーティングが終わったら、家に行くから』って言われて、何時間経っても来なくて、やっとLINEに既読がついたと思ったら『飲みに連れていかれてた』とか。休みの日に会おうってなって、メイクを超頑張って、待ち合わせの映画館についたら、いつまで待っても現れないし、電話も通じない。結局、一人で映画観て、携帯つけたら『ごめん、さっき起きた』ってLINEが来てるとか。そういうやつが本当に多い。だからどうでもいいんですよ、結局は。わたしたちに金を稼いでほしいから甘い言葉を言うけど。本当はわたしと遊ぶより、寝てたいんです」

　そこまで冷静に相手のホストのことを見ているというのに、結衣はいったい何を期待して、ホストクラブに通い、担当に大金を費やすのか。

「それこそ、これまでにキラキラ系女子がインスタでやるようなことは、全部やってやり尽くしちゃったんです。まぁ、結婚はしたいって思うけど、そもそも風俗やってる子と付き合いたいってならないじゃないですか。だからって、相手に風俗をやってたことをひた隠しにして80歳まで連れ添うとかも、無理だなって思っちゃう。そういうことを考えると、今、ほかにやりたいことがないんです。自分がこうなりたいって思える人間って、すごく立派だと思うんですけど、わたしみたいな人間って自分に自信がないから、誰かに注いで、その誰かが輝いているのを見たいんでしょうね」

　その光が結衣を照り返してくれる日は、くるのだろうか。

ホストは「推し」と言い切る女

サヤカ

Sayaka 27歳

ホス狂いの女性たちは、とにかくよく働き、よく稼ぐ

ソープで働きながら、生理中や性病に罹ったときのためにメンズエステ（男性専門のリラクゼーションエステ。個室で紙パンツ一枚で施術を受け、鼠径部の際どいところまでオイルマッサージしてくれるのが売り。女性は着衣が基本ではあるが、セクシーな衣装であることも。抜きがある違法店も存在する）にも在籍したり、デリヘルをやりながら、そこでの客に裏引きを持ちかけたりと、ホス狂いの女性たちは稼ぎを得るチャンスを、とにかく逃さない。ソープとデリを兼業し、待機中を睡眠時間に当てるという猛者もいる。適正AV（2016年頃に社会問題化したAV出演強要問題を受けて設立された、任意団体『AV人権倫理機構（AVAN）』が提唱する女優の人権に配慮した過程を経て制作され、正規の審査団体の審査を受けたAV作品）へ出演することもあるし、最近ではFC2などで配信される、個人撮影動画（略して個撮）や、同人AVと呼ばれるアダルト映像への出演も、適正AVよりも気軽に手っ取り早く稼げる手段として利用されている。

風俗嬢かつホス狂いであることを逆手に取り、「ホス狂いの風俗嬢」としてTwitter

のアカウントを開設してフォロワーを増やし、風俗のスカウトから報酬を得て、出稼ぎやアダルト動画の出演募集を代行ツイートしたり、またフォロワーがある程度の数に到達したところでアカウントごと売る、というマネタイズの方法を取る女性もいる(風俗のスカウトにとっては、風俗を斡旋できる可能性の高い属性の女性が多くフォロワーにいるアカウントを譲り受けるのは、メリットが大きい)。まさに売れるものは、なんでも売るという状態だ。

パパ活を労働とみなしていいかは微妙なところだけれど、ただただセックスをして、身体の対価に金銭をもらうのではなく、疑似恋愛を演出して稼ぎをアップしようと試みる。

恋心を利用するばかりでなく、「入院してその費用が払えない」「メンタルを病んでしまい、バイトできなくて学費や独り暮らしのお金が足りない」といった理由をでっち上げ、「このままじゃ風俗で働くしかない」と半ば脅しのような言葉で相手の男性の良心につけ込み多額の金をだまし取る、通称「頂き女子」としてお金を得るのは、詐欺行為にあたるが、そういった危ない橋を渡ってまでも稼ぐその目的はただひとつ、担当により多くの金を注ぎ込むためだ。しかもそれは、恋心につけ込まれて「貢がされている」という単純な話でもない。

「ホストクラブには、通い始めて一年くらい。ちゃんと指名して、ちゃんとお金を使ったのは二人です。ノリで一本だけシャンパンをおろして20～30万の会計をした人はいるんだけど、100万、200万とか使ったのは二人だけ。これまで使ったお金は合計800万円くらいですかね。1000万円いかないくらい。でも、ホストに通って、稼ぎ方や働き方の癖をつけられたのは、よかったなって思います」

これまでにホストに費やした総合計を尋ねたところ、サヤカ（仮名・27歳）から返ってきたのは、実に前向きな言葉だった。

小柄で幼い顔立ちのサヤカは、ぶかっとしたトレーナーにレギンスという服装も相まって20歳そこそこくらいに見えるが、実年齢は20代後半だ。専門学校を卒業後、パティシエとして働き出したが、ほどなくして風俗（ソープランド）に転職。今はメンズエステのセラピストをしている。新宿にほど近いマンションに引っ越してきたのは約二年前。夜職専門の不動産が丸ごと持ってるビルゆえに審査もなく、保証会社も風俗の在籍（店に所属していること）で通せたという。そして以後、近所となった歌舞伎町のホストクラブに通い続けている。

ジャニオタやバンギャがホス狂いになる要因

「わたし、ホストに通う前はアイドルのオタクをしていたんです。だから仕事は隙間っていうか、追っかけの合間に働いていた感じで。でも、ホストクラブに通い始めたことで、どうやったらより稼げるかを考えるようになったら、収入がぐんとアップして。お金を稼ぐのって自分次第だって知ってからは、収入を下げたくなくなって、仕事をさぼることもなくなりました」

もともとアイドルやビジュアル系の追っかけをしていたという経歴を持つホス狂いの女性は、決して珍しくない。身に着けているファッションや髪型など、ルックスが近しいのもあるし、そもそも見た目のいい男性に金を払うという共通点がある。

近年、ホストがアイドル化していることも、ジャニオタやバンギャがホス狂いになる要因のひとつだ。実際、YouTube やSNSなどを駆使して自らに希少価値をつけて、「会いに行けるアイドル」を演出するドル営（アイドル営業）という営業方法もある。

実業家の青汁王子こと三崎優太が三年連続でホスト企画と称してホストクラブに入

店したり、スーパーに売られていた精算前の魚の切り身を開封して食べたとして窃盗罪などの罪に問われ、刑事事件となったことが世間を騒がせた迷惑系YouTuberのへずまりゅうがホストに転身するなど、別業界での有名人がホストとなるパターンもある。「会ってみたい」という訴求に働きかけるという意味では、これらもドル営の一種とも言えるのではないだろうか。

ちなみに2021年のホスト企画による青汁王子の売り上げは五日間で1億超え（※単独ではなく「青汁軍団」と呼ばれるメンバーでの総合計）を記録するとともに、エイベックス株式会社代表取締役会長である松浦勝人や、有名YouTuberのヒカルといった著名人が多く客として店を訪れたことが話題を呼んだ。また、へずまりゅうも三週間で1360万円の売り上げを記録したことが女性週刊誌などで報じられた。話題性をマネタイズするための手法として「ホストになる」ということも、昨今ひとつの事象なのである。

ホストのアイドル化がホスト業界に持ち込んだのは、異業種界での有名人の参入だけではない。女性客らに「ホストを推しとして、応援する」という意識変革をもたらしたのも、ホストのアイドル化が一因にある。それは歌舞伎町を代表とする、多数の

サヤカ。新宿にて

ホストクラブを擁する繁華街のあちこちにある看板や、街中を走るアドトラックを見れば一目瞭然だ。

それらの媒体にビジュアルが掲載されるのは、月間や年間の売り上げのトップグループにランクインしているホストたちで、その中でもナンバーワンは、ことさら大きく煽られる。これは、一世を風靡した女性アイドルグループAKB48が、かつて行っていたシングル選抜総選挙と似通ったシステムだ。

AKBグループによるシングル選抜総選挙は、投票によってシングルの楽曲を歌うメンバーが選出される。ゆえにファンたちは自分の推しの順位をあげるために投票券の封入された特定のCDを複数枚買う。それと同じく、ホス狂いたちは推しのホスト＝担当をナンバー入りさせるために、シャンパンや高額ボトルをおろす。

握手会やシングル総選挙などのイベントを絡め、メンバーそのものを売りにしてCDの売り上げにつなげるAKB商法は、あちこちでバッシングされた（そもそもAKB自体が、キャバクラのステージを参考にコンセプトを立てられたという噂もある）が、ホストクラブもまた、ホストそのものを売りにして飲食代の売り上げにつなげている。

ファンにとって〝推し〟を応援することは、イコール金銭をなげうつことであり、その金額が多ければ多いほど熱度が高いという証明にもなる。普通は聴かないCDを買ったり、飲まない酒をオーダーしたりはしないが、そこに「推しへの投げ銭」という名目が乗ることによって、AKBのファンらは開封すらしないCDを何十枚何百枚も買い、ホス狂いは開封すらしないボトルをおろす。自らが消費できる限度を超えた物品を、課金のために購入する仕組みができあがっているのである。

いったい何がきっかけでサヤカは〝推す〟という文化を身に着けたのか。それは家庭環境が原因だったという。

「子供の頃から、お母さんも追っかけしていたんです。だから、お金を使ってイケメンに会うっていうことに抵抗がない。最初は関西ジャニーズJr.が好きでした。でも、Jr.って卒業しちゃうんですよね。しばらく追っかけていたんだけど、応援していた子たちが全員デビューしてしまって、次にメン地下に行ったんです」

メン地下とはメンズ地下アイドルの略である。

メディアにはあまり露出はなく、インディーズレーベルや自主制作などで音源をリリースし、ライブハウスなどでのパフォーマンスや握手会、チェキ撮影会などファンと近い距離で活動を行っているアイドルを指す。テレビや雑誌などの、いわゆる商業メディアでの露出はなくともSNS全盛期の昨今、推しを探している女性の目に留まるチャンスは多くあるし、積極的に推し活する女性が多く存在する今、メン地下にも相応のニーズがある。

２０１９年のマイナビBLITZ赤坂の単独ライブでは千人超のファンを動員し、オリコンデイリーアルバムランキング１位という記録を持つ「新世紀えぴっくすたぁネ申」や、ヤマハのボーカロイドのプロジェクトをきっかけに結成された読モグループ「ZOLA」、ニコニコ動画の踊り手が組んだ「*ChocoLate Bomb!!」、元ジャニーズJr.がプロデュースする「Tim&U」など、個性豊かなグループが群雄割拠している状況にあり、握手会やチェキ撮影会などのイベントではいわゆる前戯物販と呼ばれる接触（手つなぎやバックハグ、壁ドン、顎クイなど）ができるところも、女性ファンたちの心を掴んでいる。

ギャル男、お兄系ムーブメントを牽引し、多くのホストたちがモデルとして誌面に登場していた太陽図書の雑誌『men's egg』が、一時期、メンズ地下アイドルのカタログ誌にリニューアルしたこともある。ホストとメン地下、その両者が担っている役割は、一部被っているのだ。

「わたし自身がネガティブなタイプだから、自信に満ち溢れている人に惹かれるんです。そんなに顔自体はよくなくても、『俺、超かっこいいからアイドルしてる』とか言ってる人に、『かっこいい！』って言ってあげるのが好き。でも、メン地下の追っかけって、毎日現場に行くのが偉いみたいな空気感があって。体力や睡眠時間、働く時間を削ってまで追いかけないといけないので、ちょっと大変なんですよね。前は『メン地下のファンって、なんで若い子が多いんだろう』って不思議だったんだけど、20代後半になると体力の低下を感じて『ああ、もう通えないな』って痛感して。それにジャニーズJr.は、みんな思春期みたいな時期に活動してるじゃないですか。だからたとえ30万円以上使ってチケットを手に入れて認知されても年齢的に『キモ！』って思われるんですよ。永遠に無視されたり。でも、ホストはそれがない。一回お金を使うと二～三か月は優しくしてもらえる。メン地下やジャニーズに比べたら、お金はずっとかかるけど、もともとお酒好きだし、椅子にも座ってられるし、毎日行かなくてもいいのが、ホストはいいんです」

ホストクラブに通うことが、働いて稼ぐモチベーションとなる

サヤカの身体に、とある病気が発覚したことも、推し活の対象がホストとなったこ

とに関係している。

「ちょうど新型コロナが流行するちょっと前の頃なんですけど、婦人科で看てもらったら病気が発覚してしまって。『できれば、性交渉のある仕事は辞めてほしい』って言われて。仕方なくそれまで働いていたソープから、メンエスに職替えすることにしたんだけど、どうやって稼いでいこうかなって考えたときに、ホス狂いの女の子がよくしている『裏引き』を覚えたいって思って。それでホストに興味を持って通い始めて、初めて自分で指名したいと思える担当ができて、ホス狂いになりました」

裏引きは禁止行為であり、もしも店側にバレた場合にはクビになるなど、相応のペナルティが科せられる。ゆえに裏引き行為をしようと決意するためには、相応の覚悟が必要だ。その覚悟を決めるための支えとして、ホストの力を借りることにしたサヤカは、裏引きで稼ぐことに見事に成功する。

「収入は、コロナ前はエステだけで月100万は切ることなくて、裏引きの額によって200万とか。稼げてたときはアベレージ100万～200万くらい今の担当に使っていました。一度の裏引きでもらえた最高額は80万円かな。けど、昔から物欲があまりないから、ホストに使うしかないんですよね。だからホストクラブ通いがやめられないっていうより、高額を手にする高揚感がヤバすぎて、裏引きで稼ぐことがやめられないんです」

ホストクラブに通うことが、働いて稼ぐモチベーションとなる。

これはサヤカのケースだけではない。取材を通して話を聞いた女性たちの多くが「担当に使うという目的があるからこそ働ける／働く気が起こる」と語っていた。ホスト側もそれをわかっていて、例えば「来月、シャンパンタワーしてほしい」「今月はナンバーに入りたい」といった具合に目標を与える。その目標を達成するために、ホス狂いは「鬼出勤」と呼ばれる、ほぼ休みなしのシフトで働いたり、地方都市の風俗店出稼ぎに赴いて、どうにかして金を作るのだ。

お金を払ってる時点で、自分からお客さんになっちゃう

ジャニオタ、メン地下オタという遍歴を持つ、サヤカの担当はいったいどんなホストなのか。

「最初の担当になった人は、顔がものすごくタイプで。でも、通い始めてすぐに、コロナの最初の緊急事態宣言が出てお店が休業しちゃった。その休みの間、ずっと一緒にいたんです。ホス狂いの女の子って2パターンあると思っていて、わたしは時間を

使われないと、お金を使えないんですよ。でもそれを友達に言ったら、『初回に来た女に時間を使われたくないから、わたしはお金を使ってからじゃないと、時間を使わないでほしい』って」

　前者であれば、相手がどれだけの時間を自分に費やしてくれるかを測った上で、その対価を判断して返すという考え方で、ホスト自身の自己決定を重要視している。後者の場合は、先に支払い、それに関してどれだけ返してくれるのかを測る方法になり、己がコントロールすることに重きが置かれている。

　どちらが正しいというわけではないが、前者はバブル期以降の恋愛観——男が精一杯の努力でもって女性にアプローチし、女性は相手を見定めたのち、応える——かたちに近い。ただし女性側からの男性へのフィードバックは、従来の恋愛であれば、「好意」や「セックス」だが、それに加えて「金銭」であるのが、ホストクラブを介した男女の機微だ。サヤカは、こうも言う。

「私の指名するホストは、店外（デート）で会うときは全部お金も払うんですよ。売れてない人は指名したことないですし。今の担当はけっこう高い店に連れていくタイプで、六本木の鉄板焼きのお店とか、二人で5万くらいの会計のところに連れていってくれるんです。でも、前の担当は家で一緒に料理作ったりとか、お金のかからない店外をしてました。だから、お金じゃないんです。『いくら使ってくれたから、いくら返さなきゃ』ではない。時間のほうがわたしには大事、時間換算で『これだけ時間を使ってくれたから、これだけのお金を使う』って感じです」

ホストと客という関係性であっても、外でデートをするときは、従来のカップルのように男性側が支払いをする。そればかりではなく、担当とは身体の関係もある。しかし、付き合っているわけではないという。

「わたし、昔からその感情が欠落してて、お金を払ってる時点で、自分からお客さんになっちゃうんですよ。今の担当はすごく優しいから『お金が入ったら、この人に使いたいな』みたいな感じで、実はそんなに好きじゃないというか、普通に好きくらいなんですよ。世間の人が福士蒼汰が好きとか、中川大志が好きっていう、ああいう感覚。そのせいか、今まで指名してて、一度もケンカしたことないし。高額を使って後悔したこともない」

どんなに親しくなっても、自分はあくまでも客である。そういうスタンスもあってか、サヤカは元担当にも、いまだ、時折会いに行っているという。

「元担に対しては、いつも『好き、好き、超好き』ってアピールしていたので、元担

シャンパンタワーは最低でも三桁の会計になる

はすっかり『こいつは俺だけだ』って思っていたらしいけど、じつは今の担当の店にも、細々と並行して通ってたんです。で、あるとき、元担のバースデー（誕生日祝い）に貯めていた100万円を、今の担当に使っちゃったんですよね。それで揉めて切れたんですけど、やっぱり元担の顔が好きすぎなんですよ。なので、友達で元担のお店に通い続けている子がいたので、『再度、エースになる予定はないけど、顔を見に来ていいか聞いてほしい』って頼んでもらったらオーケーが出たので、たまに行きます。でも、行くと後悔することも多いんですよね。自分の中での綺麗な思い出と、顔が好きっていうだけで、中身が好きなわけじゃないから。本人にもそれは言ってるんだけど、行くと落ちる。

しかも、売れていた全盛期に比べて余裕がないみたいで、こすい単価上げをするんですよ。『俺からのプレゼントだよ』って、ショット（テキーラなどショットグラスで提供される酒）を出されたら、それが伝票にしっかりついてる。この間もバレンタインデーの日に飲みに行ったら『俺からのバレンタインプレゼント』ってコカテキ（アルコール度数29パーセントの高濃度リキュール、コカレロとテキーラをブレンドしたもの。コカレロは「パリピ酒」として夜遊び好きの若者たちの間で流行している）を出されたんです。一杯で15000円とかするんで『やったー』って盛り上がったんだけど、いざ会計をしたら、５００００円を超えていて。『缶物二セットしか頼んでないのになんで？』って思ったら、それも伝票に入っていて、ダサっと。でも、顔がとにかく好きだから、会いたいは会いたいんです。整形してる今時の顔です。わたし、ホストだと整形顔が好きなんですよ。アイドルだと整形顔は興味ないんですけど」

ルッキズムを排除していこうという一般社会のムーブメントとは裏腹、「稼ぎこそが正義」である厳しい資本主義が貫かれた夜職の世界では、ルックスは最大限の資本になる。整形をして容姿を磨くことは善であり「頑張りの証」として評価される。だから整形をしていることを隠さないどころか、ダウンタイムと呼ばれる施術後、腫れや傷口の赤みの回復を待つ期間の姿をＳＮＳに投稿し、どれだけ頑張っているかをアピールする者も少なくない。

ホストは、生きるのに必要不可欠

対して今の担当には、どんな感情を抱いているのだろうか。

「今の担当は、『サヤカが俺にハマるときは、来ないと思う』って言ってます。担当は、ほかの女の子には、色恋ゴリゴリ系なので、被り（同じ担当を指名している客）の女の子たちはできるだけ一緒にいたいらしくて、わたしは珍しいタイプの客みたい。だってわたしは、ホストとして仕事してくれるから見合った金額を払うけど、稼ぎが落ちたら行きたくないってスタンスなんです。そういうのも全部わかっちゃってるみたいで、一度、元担とちょっとだけ戻ったのがバレたことがあったんです。一緒に歩いていたところを、今の担当の店のヘルプとすれ違っちゃって、即チクられて。『どういうこと？』ってＬＩＮＥが送られてきた。でも何を言われようが、わたしのお金の使い方が変わらないってことを理解しているというか、むしろ元担とのことをあまり責めたら来なくなると思ったのか、こっちが返信する前に、送信取り消してました。だから、お互い知らない顔して過ごして（笑い）。きっと『この子は頑張れば高額を使えるから、いざというときに取っておこう』って感覚なんだと思います」

ある種、冷めた視線をホストに持っているサヤカだが、ホストクラブをどう楽しんでいるのか。

「今プライベートで付き合っている彼氏みたいな人がいるんです。だいぶ年下なんだけど、わたしがお酒を飲んで酔うと嫌がる。ホストクラブなら、ちょっと酔っ払っても『キャーキャーしてて、かわいいな』くらいで終わる。それが癒しですね。いつでも迎え入れてくれるのも助かっていて、通ってるとヘルプとかで知ってる顔も多いから『おー、サヤカちゃん！』『仕事早く終わって、暇だったから来ちゃった』とか会話したり。ホストクラブに行って楽しくないことはあんまないし、話も聞いてもらえる。普通にお金を使っていたら、『これを食べに行きたい』『ここに行きたい』とかってわがままも叶えてくれてる。わたしも含めてホストにめっちゃ行く子って寂しがりやが多いから、生きるのに必要不可欠なんだと思います」

最後に、サヤカのようにジャニーズや地下アイドルのファンが、ホストに移行する理由を尋ねてみた。

「多いですね。とくにエースが多い。エースって売れてなくても月に50万円はかかるから、ある程度高額を使い慣れてないとなれない。だから、元ジャニオタが多い気がします。ビジュアル系も多いです。ビジュアル系の歌はホストがラスソン（ラストソングの略。その日の売上げNo.1ホストが、閉店前に歌うことができ、名誉とされる）とかで歌うことが多いので。あとはメン地下と読モ。読モは歌って踊ってるわけでもなく、チェキしかないので、ホストにハマりやすいです。ジャニーズとかアイドルが好きな子って、ライブを観てからお金を使うとか、ライブ自体にお金を使うから。

『ホストって歌ったり踊ったりしないし、一般人じゃん』みたいな考えが最初めっちゃあるんですよ。でも、読モが好きな人って、チェキでイチャイチャするのがすべて。そういう意味で、ホストはめっちゃ近い。ホストってお金さえ使えば、エッチしたい、デートしたいって言ったらできるじゃないですか。最近の傾向として、読モやメン地下のチェキは、コロナの影響でビニールの仕切りがあったりして、あまり接触ができない。そうすると『なんでこんなにお金を使ってるんだろう？』ってなる子がいて、そういう子がホストに流れると、めっちゃ距離が近いのでハマって、その日からタワーしたりしてます」

女性を癒すイケメンたち。かつては踊り歌っている姿を観て楽しむだけの、手の届かない、憧れの存在でしかなかったのが、今はメン地下や読モであれば、ハグされながら一緒に写真を撮ることができて、ＳＮＳで交流もできる。さらにホストならば一緒に酒を飲んで笑い合い、セックスすらも可能だ。

しかし金銭を介した関係の上に成り立っている以上、金の切れ目が縁の切れ目ともなる。その事実を十分にわきまえたホス狂いの女性たちは、よく働いてよく稼ぐ。自らの欲望は金で解決すると知っているからだ。

日本最大のホストクラブ街新宿歌舞伎町を歩く

左……新宿の至る所でホストクラブのアドトラックを見かける

ECC
ジュニア
1400万 PLAYER
1400万 PLAYER
1400万 PLAYER
1400万 PLAYER

２０２２年１月某日。昨年末にようやく終焉を遂げたと思えたコロナ禍だったが、新しく発生したオミクロン株が再び猛威をふるい始め、東京都はまたしても、年が明けたその月内に、まん延防止等重点措置を実施した。

が、新型コロナが流行し出してもう丸２年近くになると、それぞれみな、〝新しい日常〟を生きている。新宿駅西口行きの路線バスの窓から歩道を行き交う人々を見ると、コロナ禍以前の人通り量とさして変わってはないように思える。


ラーメン二郎、蒙古タンメン中本、なんでんかんでん、麺屋武蔵に龍の家と、名だたる人気有名店が軒を連ね、ここ数年ですっかりラーメンストリートと化した小滝橋通り沿いにある新宿広小路のバス停に降りたった瞬間、ホストクラブのアドトラックが2台続けて、今しがた降りたばかりの路線バスを追い越していった。

トラックからはけたたましい音楽が鳴り響いているが、新宿の街の喧騒には慣れ切っているのか、勤め帰りの人々は、誰一人として顔を向けることもない。いつの間にか、よく目にする景色としてすっかり馴染んだアドトラックが去っていくのを眺めていると、新宿大ガード西交差点で信号待ちをしていた若い女性が、ふと顔をあげてトラックに視線を向けた。

にこやかな微笑みを浮かべていたり、キメ顔でそこに写っているホストたちの容姿は、そのどれもが整っていてかわいらしく、いわゆる王子様系と呼ばれるルックスをしている。

背景が白地ゆえに爽やかな雰囲気すら漂っていて、よく知らなければ男性アイドルグループのアドバタイズメントにも見えるから、若い女性の目を引くのも当然だ。

しかし、トラックに躍っている煽り文句に、少し引っ掛かりを覚えた。

「次世代の歌舞伎町の顔になるなら今！」「次の○○（所属する人気ホストの名前）は君だ！　みんな人生変えてやるから××に来い！」「××一期生　1億4000万PLAYER」

〝君〟〝みんな〟という呼びかけの対象は、「ホストという職業に興味がある／ホストとして成功したい」と考えている男性たちで、顧客となり得る潜在的な女性たちではない。

もっとも、「ホストクラブに興味があって行ってみたい／現在、ホストクラブに通っているけれども、新店も開拓したい」と考えている女性にとっては、どんなルックスのホストが在籍しているかということがいちばん重要な情報であるに違いないし、ホストクラブに行こうと思ったことはないがイケメンが好きで、話したり親しくなりたいという願望を持っている女性にまず興味を抱かせるにも、文字情報よりも断然にビジュアルのインパクトが重要だ。

また、ホストたちに「看板になるような人気ホストになりたい」という野望を抱かせる役割もあるだろうし、「担当をここに載るような存在に押し上げたい」というホス狂いたちの欲求を刺激するためのものでもある。たった一台のトラックにいくつものミーニングが込められているのはわかるが、なぜ煽り文句は対男性であるのか……というようなことを考えながら、待ち合わせ場所であるドン・キホーテ歌舞伎町前店の前へと急いだ。

今回、新宿を訪れたのは、日本で最もホストクラブが集まってる、新宿歌舞伎町を散策するのが目的だった。街をあちこち歩きつつ、有名なホストクラブの場所や、街中の看板の類を確認しようという考えだったが、一人でブラブラするよりも、誰かこの街に詳しい人に案内を頼んだほうが取れ高があるのではないか。そう思って担当編集者を通して案内人を紹介してもらった。このルポの出版元でもある鉄人社が刊行する『裏モノＪＡＰＡＮ』の編集部員の仙頭正教氏だ。仙頭氏は、怪しい、心霊、噂、などがテーマのディープ歓楽街ツアーを主催する歌舞伎町ガイド人としても活動している。20年以上も歌舞伎町をウォッチしてきた彼以上に、街歩きの同行者として相応しい人物が存在するだろうか。

ドン・キホーテ新宿歌舞伎町店は、歌舞伎町の目抜き通り、セントラルロードの入り口にある。新宿駅から歌舞伎町にアクセスする場合、アルタ横を抜けてセントラルロードに入るルートが一般的だから、歌舞伎町を訪れたことのある人ならば、誰もが一度は目にしたことがあるはずだ。その店の前に時間通りに現れた仙頭氏と合流すると、まずは目の前の靖国通りを渡った向こう側にあるリサイクルショップの『KOMEHYO』に向かってみようと誘われた。

ホストクラブの取材で歌舞伎町を回るのに、なぜリサイクルショップなのか。疑問に思っていると、仙頭氏が説明をしてくれた。ホスト業界は今、いわばバブルに沸いた状況だという。数年前には数人しか存在しなかった年間1億円プレイヤーが、今年は30名以上も登場したというが、その売り上げを支えているのはもちろん店を訪れる女性客たちだ。

女性客がどうやってホストクラブに支払う金銭を稼ぎ出しているのか。

「それはぶっちゃけ、身体を売るしかないんだけど、案件って知ってます？」

仙頭氏はスマホを取り出してＬＩＮＥアプリを立ち上げると、あるトークグループを見せてくれた。そこでは女性たちが互いに、ギャラ飲みやパパ活など〝稼げる仕事〟の融通をし合っていた。誰が始めたかわからないが、若い女性同士の口コミ、紹介の紹介などで参加することができ、案件と呼ばれる若い女性向け仕事を、お互いにリクルートし合うためのトークグループらしい。

「紹介した側はもちろん、紹介料を抜いた状態で斡旋するんです。例えば８万の案件だったら、３万抜いて、５万でやりませんかっていうふうに。ぶっちゃけ風俗やキャバクラでは稼げる金額に限界がある。だから、こういう案件だったり、あとはパパ活とかで買ってもらったブランドバッグを転売するとか。そういうふうにしてお金を作って、彼女たちはホストクラブに行ってるんです」

そんな説明を受けながら、『KOMEHYO』へと到着した。

『KOMEHYO』は街の一角を完全に占有していた。靖国通りを入ってすぐにある真新しい綺麗なビルの一階から四階までがジュエリーと買い取り専門の『KOMEHYO SHINJUKU』、そのビルの隣に位置する四階建てのビルは、女性物のブランドバッグ、

KOMEHYOではホストが好みそうなハイブランドの商品が販売されている

ブランド小物、ブランドジュエリー、レディスブランド・ファッションを扱っている『KOMEHYO SHINJUKU WOMEN』。さらにその隣には各種メンズ物を取り扱った『KOMEHYO SHINJUKU MEN』がある。どのビルも窓が多くとられた、高級ブティックのような外観で、リサイクルショップによくありがちな雑多さや埃っぽさは皆無だ。

『KOMEHYO SHINJUKU WOMEN』の店内に入ってみると、ルイ・ヴィトン、プラダ、クリスチャン・ディオールにシャネル、エルメスといった高級ブランドバッグがずらりと並んでいる。若い女の子が好みそう（だと中年の男性が考えそう）な、薄いピンク色のバッグばかりを集めた棚があって目を引く。

『KOMEHYO』を運営する親会社の株式会社コメ兵ホールディングスは、コロナ禍でのインバウンド需要の消滅により一時は売り上げ減の直撃を受けたものの、サステナブルを推進する風潮にマッチしたのか、現在の売上高は好調となり、今期はインバウンド需要全盛期の業績を超えつつあるとも報じられている。ホストクラブしかり、ハイブランド商品しかり、人の欲を満たすためのものは、世の中の不況とは関係がないようだ。

『KOMEHYO』を出ると、仙頭氏とともに、再びセントラルロードへと戻る。ＴＯＨ

Oシネマズの入っている新宿東宝ビル前で一度立ち止まり、セントラルロードとその向かって右隣の歌舞伎町一番街にある出会い喫茶・カフェを仙頭氏が指し、説明を始めた。

いわく、コロナ禍に入る少し前は、歌舞伎町の出会い喫茶・カフェはかなりの賑わいだったという。ホス狂いの女性たちがホストクラブに行く前に立ち寄り、その日の飲み代を稼ぐという利用の仕方をしていたからだ。セックスの対価に金銭を得ている女性が、自虐的に自称する「膣ドカタ」というネットスラングがあるが、身体を使って稼いだお金をそのまま使うという生活スタイルは、日雇い労働者を彷彿とさせるその日暮らしとも被る。

歌舞伎町のラブホテル街にあるコインロッカーの中から、乳児の腐乱死体が発見された事件が2018年にあったが、のちに懲役4年6月の判決の下った犯人の女性は、出会いカフェで稼いだ金をホストに費やしていたとも、仙頭氏は教えてくれた。

陰惨とした気持ちで、東宝ビルの前を離れた。

5年前に出産して以来、子どもが可哀想な目にあったり死んだという話にめっぽう弱くなってしまった。惚れたホストに対しては、身体を売るまでできる、その献身さが、なぜ我が子に向かわなかったのだろうか。

旧コマ劇前の広場を横目に通り過ぎ、花道通りを右折して、そのまま進むと老舗ライブハウス『新宿ＬＯＦＴ』の入るタテハナビルへとたどり着いた。このビルの地下にある『新宿ＬＯＦＴ』はたびたびライブを観に訪れたことがある。毎回訪れるたびにホストクラブの看板が増えている印象があったのだが、改めて注視すると、もはやホストビルといった佇まいであることに気が付いた。

ホストクラブになる以前は何があっただろうか。さっぱり思い出せないが気になって、１９９９年、このタテハナビルに『新宿ＬＯＦＴ』が移転したときにＬＯＦＴのバーカウンターで働いていた友人に尋ねてみたところ「以前はキャバクラとぼったくりバー。あと表看板の入り口に花屋があった」と教えてくれた。

今やすっかりホストビルと化したタテハナビルの中には、「職業、イケメン。」というキャッチコピーで展開している業界大手・エアーグループの『ARCH』『CLUB AAA』、シャンパンコール発祥のグループとされているグループダンディの『ON TIME』、3グループ22店舗というホストクラブを擁する巨大組織であり、アドトラックを初めて採用した冬月グループの『youth』、歌舞伎町22店舗に地方17店舗を展開し、１２００人以上のキャストを抱えるアクアグループの『axis』、大阪のミナミから進出

ホストクラブが多く入るタテハナビル

し、大阪と歌舞伎町に10店舗を展開するＩＳＫグループに属する『club Hatch DNA／NEXT』など、何軒ものホストクラブが入っている。

タテハナビルひとつ取っても10店舗近くのホストクラブが入っているのだ。歌舞伎町全体ではどれくらいの数のホストクラブが存在するのだろうか。

歌舞伎町の社会学を研究するライターの佐々木チワワ氏が、ホストやアイドルといった存在を「推す」ことを生きがいにしている若者たちのカルチャーを紐解いた著書『「ぴえん」という病　ＳＮＳ世代の消費と承認』（扶桑社刊）によると、２０２１年12月現在、ホストクラブは歌舞伎町に約２６０店舗、約５０００人ほどのホストが存在するとされている。

もちろん、その全員が稼げているわけではない。取材したとあるホストの話によると、ホストクラブに在籍しているホストの中で、毎月、帯（１００万円以上）を稼いでるのは1割で、さらにその中の15％くらいが何千万単位を毎月稼ぎ出しているという。ということは、歌舞伎町にいるホストのうち、５００人程度は、１００万以上の稼ぎがあるということになるが、では残りの9割はどうなのかというと、「けっこう貧乏だと思う」。9割が負けるシビアな世界、それがホスト業界だ。

話を歌舞伎町の路上に戻す。タテハナビルを通り過ぎてツーブロック進んだ角、時間貸し駐車場の側面は、有名なホスト看板スポットだ。車が出入りするスペースを除いて合計21枚の看板を飾るスペースがあり、そのすべてにホストクラブの看板が飾られている。

種類を見ると、単独でホストが登場しているものと、複数人のホストが並んでいるものとにざっと分類できた。

単独パターンには、イメージ広告のようなシンプルにビジュアルが最も目立つものと、「1億6000万プレイヤー　日本新記録」のように数字をアピールしたものがある。数人のホストたちの顔写真が並んだパターンには、名前と等しく「#常識なんかぶっ壊せ」「好きなことで生きていく」といったキャッチコピーが強くアピールされているものと、水商売でよく利用されるフォト名刺のように、ビジュアルにプラスして役職と名前とがアピールされているものとに分かれる。どれも店名よりも、ホスト個人だったり、煽りのコピーが目立っているのが特徴だ。もっとも、ホストクラブに限らず、街中や電車の車内で見る広告のどれもが、企業名よりも商品名やそのビジュアルを目立たせるので、当然のことといえば当然のことでもある。ただ、その商品が「人」であるから、なんともいえない違和感が生じている。

仙頭氏のナビゲートで看板の手前を左に曲がり、通称ホスト通りへと足を進めた。ワンブロックほど進んだ右手にある新宿興和ビルは、やや古びた雰囲気の建物ながら、通りに面したエントランスの壁の一面がホストたちの写真で飾られていた。創業から十年以上も続く老舗であるシンスユーグループの『SINCE YOU…本店』や、大阪に本拠地を持つアトムグループの『Club ATOM -TOKYO-』など、いくつかのホストクラブが入っている。エントランスの階段に、もこもこのパーカーを着た幼げな少女がぽつんと座っていたが、ホストクラブのオープン待ちだろうか。

その隣のブランド2246ビルは、やや新しめの雰囲気だった。このビルの一階、二階に入っているのは、アクアグループの『alpha』だ。

二側面にずらりとホストの看板が並び、その中央の角の部分に位置したエントランスの上にも、年度ランキング5位以内に入ったホストたちの顔写真の看板がデカデカと鎮座している。さらには地面を照らす路上看板まで設えてあって、ド派手な印象だ。内部もまた総工費1億円を投じたゴージャスな内装が施されているという。覗いてみたいという気持ちがちらりと湧いた。

仙頭氏によると、この三経20ビルで自殺未遂騒動があったという

「このビルは、ホス狂いの女性が飛び降り自殺をした場所です」

次の角を右に入ってすぐの、三経20ビルの前で仙頭氏が言った。六階建てのビルで、上階の中央部に半円形のバルコニーが二層になっている、高度経済成長期風の建築のビルだ。

「下を歩いていた男性を巻き込んだらしく、一度電線に引っ掛かって衝撃が抑えられたおかげで命は助かったみたいだけど、ホス狂いだったたって噂です」

仙頭氏はパソコンを開き、飛び降りに関わる画像を実際にわたしに見せながら、説明を始めた。路上に倒れる若い女性と、アスファルトを濡らしている赤黒い血。「歌舞伎町では上から人が降ってくるから、気を付けて歩いたほうがいい」なんていう話を聞いたことがあったが、それは真実らしい。

再びホスト通りに戻ると目の前の控えめな看板に『SMAPPA! HANS AXEL VON FERSEN』という文字を見つけた。スマッパグループの本店だ。

ホスト取材を始める前から、スマッパグループの会長であり、バー、美容院、介護事業や本屋の経営など多角的に事業を行っている手塚マキ氏の著書は何冊か読んでいた。

スマップグループに在籍するホストたちに詠んでもらった短歌を集めた『ホスト万葉集　嘘の夢　嘘の関係　嘘の酒　こんな源氏名サヨナライツカ』（講談社刊）やその続編の『ホスト万葉集　巻の二　コロナかも　だから会わない好きだから　コロナ時代の愛なんて　クソ』（講談社刊）は、ホストを職業とする男性たちの、意外な本音が見え隠れしているようで楽しめたし、『新宿・歌舞伎町　人はなぜ〈夜の街〉を求めるのか』（幻冬舎刊）では、歌舞伎町の歴史を学べたとともに、夜の街が擁するおおらかさにも気が付いた。ここが手塚氏のグループの本店か、とミーハーな気持ちを沸き立たせながら、さらに北へと進む。

仙頭氏が次に案内してくれたのは、数回の飛び降りとその未遂、そして幽霊の噂まである、不名誉な意味で有名な第6トーアビルだった。仙頭氏も、屋上に腰かけている女性と、それをいさめようとするギャラリーたちによる騒ぎを目撃したことがあるという。

「あのときは朝方だったんですけど、屋上に腰かけている女性がいたんです。飛び降りかかっていうんで、野次馬がわらわらと集まってきて。たぶんホストと、ホスト帰りの女の子だと思うんですけど、最初は缶チューハイを飲みながら、地面に座って野次馬をしていたのが、途中でその二人までケンカし始めて。で、女の子のほうが『わたしも死ぬ』って揉めだしたりして大騒ぎでした」

有名人の自殺報道に影響を受け、連鎖的に自殺が増えることをウェルテル効果というが、目の前で自殺現場を目撃することで、「死にたい」という思いが、ふと浮かぶこともあってもおかしくない。

「でも、結局、屋上の女性は飛び降りなかったんですけど。後日Twitterに『死ぬつもりはなかった。朝日を見ながらストロングゼロを飲みたかっただけでした』っていうような投稿があったのが顛末です」

ＳＮＳで謝罪と報告をするなんて、ずいぶんと律儀だけれども、それだけ若者たちの間では、ＳＮＳが日常と一致しているということだろう。ちなみにこのビルの屋上に続くドアは、相次ぐ自殺（未遂）を受けて今は施錠されているという。

幽霊のほうは、二基あるうちの左側のエレベーターに出るとか、隣のビジネスホテルの、このビル側の部屋に泊まると金縛りに遭うといった怪談話だ。嘘か真実かはわからないけれども、確かに華やかな歌舞伎町の路地裏には、びっくりするほど暗い場所がある。

今来た道を戻り、再びホスト通りから花道通りのほうに引き返す途中、仙頭氏が白い防音壁で囲まれた工事現場を指した。

「ここが『愛本店』があったところです。今はもう取り壊されてますけど」

『愛本店』といえば、ホストクラブの老舗中の老舗。社長の故・愛田武氏の姿をテレビで観たことのある人は多いはずだ。愛田氏が東京駅八重洲口の日本最大のホストクラブ『ナイト東京』から独立し、新宿二丁目にクラブ『愛』（現在の『愛本店』）をオープンしたのが1971年。翌々年の1973年には歌舞伎町に移転した。

以降、長きにわたり愛田氏は抜群の存在感でもって夜の歌舞伎町に君臨してきた。いわばホストクラブ業界の立役者。そんな氏の根城。ホストクラブのランドマークともいうべき、『愛本店』が取り壊しとは、諸行無常を感じる……が、じつは現在も、花道通りを左手に折れた先、件のホスト看板に隣接するビルの四階に店舗を移転して営業しているという。

このビルは、派手な看板は立てない主義なのか見た目はわりと地味だ。が、そのシックな外見とは裏腹に、『愛本店』ばかりではなく、グループダンディの総本山である『TOP DANDY』も入っている。

先ほど、シャンパンコールの発祥は、グループダンディだと説明をしたが、それ以外にもグループダンディがホスト業界に与えた影響は大きい。ノンフィクション作家の石井光太氏の著書『夢幻の街　歌舞伎町ホストクラブの50年』（KADOKAWA刊）によると、今では当然となったグループ戦略を打ち出し、ホストクラブの多店舗経営に乗り出したのはグループダンディが最初であり、売り上げに応じてホストたちに役職を就ける制度を作り出したのも同グループだという。

花道通りを横切って路地を進んだ。すると四階建てのビルの屋上を通り越して、さらに高く突き立った大きな看板が目に入った。写っているのは二人のホスト。エントランスを囲むように、電飾付きの看板も飾られていて、これまで見たどこの店舗よりもとにかくインパクトがある。

「このビル丸ごと、シンスユーグループのホストクラブが入ってるんです。このグループが今、いちばん勢いがあるといってもいい」

確かにそれも納得の大胆な店構えだ。ビルの側面に回るとこれまた高さ4メートル、長さ10メートルはゆうにあるかと思われる看板で飾られている。

「このビル、以前は『ロボットレストラン』の看板で飾られてたんだけど、今はシンスユーになって、ホストの看板に変わったんです。時代の流れを感じますよね」

『ロボットレストラン』は、ショーが楽しめるレストランで、セクシーなダンサーたちのダンスとロボットや怪獣によるド派手な演出が一時は人気を博していた。が、コロナ禍により海外からの観光客が減った影響もあって現在は閉館中となっている。一方でホストクラブは不況どころかコロナ禍にすら負け知らずの賑わいだ。強すぎる。

ピカピカと発光するシンスユーグループの看板を横目に区役所通りに出た。南北に広がるこの通りにも、ホストからタレントとなり成功を収めたＲＯＬＡＮＤが在籍していたことで知られているKG-PRODUCEグループの『PLATINA -HONTEN-／プラチナ本店』や、冬月グループに属し、日本最大級の広さを誇るという『FUYUTSUKI -Chocolat-』、ホストの進化系として歌って踊れるホスドルを生んだGroup Billion JAPグループの『CLUB DARLIN』、赤い血管が張り巡らされたようなオブジェがひときわ目を引くエアーグループの『clubART』など、数多くのホストクラブが点在している。夥しい数のホスト看板はもちろん、液晶ビジョンではホストたちのＰＶ映像が流されていて、夜であっても華やかで賑わしい。

花道通りとクロスする交差点の向こう側、信号を渡ってゴールデン街の端に続く辺りまでも、ホストクラブの入った雑居ビルがいくつか連なっている。そのうちのひとつにあるNEW GENERATIONグループの『CRUISE』は、人気コミックス『明日、私は誰かのカノジョ』、通称「明日カノ」の第四章、ホスト編の舞台のモデルとなったホストクラブだ。

ホストにハマり、大学をやめて性産業へと身を投じる萌と、服装から行動まで、典型的な「ぴえん」であり、ホス狂いのゆあてゃの刹那的な青春を描いた第四章は、シリーズの中でも評判が高い。

ゆあてゃの「被りは伝票で殺すんだよ」「ハルヒ（担当）の今の幸せは全部!!　わたしの不幸の上に成り立ってんだよ！」「風俗の客とホストの客を一緒にすんじゃねーよ」といった格言は、ホス狂いの女性たちの心をがっちりと掴んで共感を得たばかりでなく、そのファッションやメイクも、「ぴえん系」や「地雷系」と呼ばれる女性たちのお手本ともなっており、徳間書店から出ている女性向けファッション誌『LARME』のカバーを飾るほどの人気を博している。一方で『CRUISE』は単行本発売時に、「明日カノ」とコラボを行い、エントランスにゆあてゃのパネルが飾られたほか、歌舞伎町周辺から店前まで送迎してくれる同店の「ホスワゴン」が、ゆあてゃの画像でラッピングされた。

改めて、今の歌舞伎町はホストクラブだらけであることを痛感していると、仙頭氏が言った。

「ホストクラブの稼ぎって、女の子たちのお金だってされているけれども、本当は違うんですよ。女の子はホストに大金を使うけれども、そのお金はホストにそのまま入るわけじゃなくて、半分は店に行く。っていうことは、ホストクラブの最大の顧客は働いているホストたちってことです」

なるほど、それで最初のアドトラックの謎——男性向けの広告であったこと——が解けた。ホスト業界は、働くホストが増えれば増えるほどに儲けが出て、巨大化することができるのだ。

街歩きの取材を終え、待ち合わせしたのと同じ歌舞伎町のドン・キホーテ前で、仙頭氏と別れた。今夜もそこかしこの店で、ホス狂いは稼ぎを注ぎ込んでシャンパンをおろし、ホストたちはコールで姫を褒め讃え、その行動——ホス狂いであること——

を全肯定する。帰路につくためにバス停へ向かうわたしの脇を、女性向けの高収入ワークの求人をＰＲするトラックが「高収入、高収入」と歌いながら、通り過ぎていった。

都内と大阪を行き来しながら担当の店に通う女

舞

Mai 25歳

〝ホス狂い〟とはホスト遊びにハマっている女性のことを指すが、もうひとつ〝担当狂い〟という言葉もある。もちろん言葉といっても、広辞苑に載っているようなものではなく、いわゆる〝界隈〟で流通しているものなので、定義がはっきりしているわけではないが。

「歌舞伎町のイメージを変える」をコンセプトに活動する現役&元ホスト三人組『ほすちる』のYouTubeチャンネル『Host children』（登録者数21・2万人。メンバーは噂のりっくん・やるきげんきだいき・ジャスティンあずさ　※2022年7月現在）にアップされている『【ホス狂vs担当狂い】似てるようで全く違うホストの遊び方講座』（2021年3月24日公開）では、〝ホス狂い〟のイメージとして「あいつも好き、こいつも好き。ホスト最高ハッピーエンドみたいな感じ」（噂のりっくん）、「金を惜しまない。ホストに行く為だけにお金を貯める」（ジャスティンあずさ）、「担当がいなくなってもすぐ作るし」（やるきげんきだいき）が例として挙げられている。

一方で、〝担当狂い〟は「『あなただけ』『その人しか見れない』みたいなイメージ」（噂のりっくん）、「サブ担（担当＝本担以外の指名するホスト。本担が出勤していなかったり、別の客席についているなどの理由で接客を受けられないときに、指名する相手）とかがいないよね。そのホスト一人を指名して、友達に『ホスト行こう』って言われても、『わたし、怒られちゃうから』……たまにいるやん」（やるげんきだいき）、「（担当ホストが辞めたらホスト遊びを）きっぱり辞める」（ジャスティンあずさ）という印象が語られている。

特定の一人のホストに惚れ込んで担当とし、一途でいる（＝他の店に遊びに行ったり、サブ担を作ったりしない）女性が〝担当狂い〟であり、担当以外のホストとも、もしかして色恋に発展しうる余地や、本担に昇格させる可能性を残しつつ遊んでいたり、担当と切れたあともホスト遊びをあがることなく、別の担当を見つけてホストクラブ通いを続けるのが〝ホス狂い〟であるとすれば、これまで取材で会った女性たちは、サブ担がいたり、本担がいても別のホストクラブの初回に出向いたり、今現在の〝担当〟が、初めての担当ではないという意味で、〝ホス狂い〟である。

だからといって、彼女たちが「あいつも好き、こいつも好き」というふうに、軽い気持ちで、ホストの間を渡り歩いているわけでもない。各々の過去のエピソード——同棲をしていたとか、バースデーイベントを盛り上げるために数百万を貯めたといった話を聞くと、たとえホス狂いと呼ばれる立場にあっても、その時々の担当への思いは真摯であり、尽くし方は献身的すぎるといっても過言ではない。

ホスト自らが、代替え可能な存在を担わせる〝ホス狂い〟をどこか蔑み、代替え不可である〝担当狂い〟に好感を持つ心情もわからないではないが、女性客側からすると、そのふたつの境目は限りなくグレーにあると思う。

都内と大阪を行ったり来たりして、両都市のデリヘルで働く舞（仮名・25歳）は、言う。

「今は大阪に担当がいるんですが、その前は歌舞伎町に担当がいて。本気で好きだって営業されてどハマりして一年半で３０００万くらい使いました。前の前の担当は冷たい人で、ちょっと距離を置かれていた反動か、歌舞伎町の担当には『こんなに好きって言ってもらえるんだ』って嬉しくて。その人とは一緒に住んでたんですよ。普通に幸せな感じで」

一緒に住んでいたとしても、店へと足を運び、金を落とすことを当然とされるのが、ホストと同棲をするにあたっての不文律だ。むしろ〝本営〟の〝同棲本カノ〟という立場であるならば、誰よりも大金を使うことが、当然ともされる。舞も、同棲しているホストの店で、月に２５０万円ほどは使っていたという。

「あるとき、わたしが彼の店の掛けを１００万くらいこぼしたんですよ。そのときに

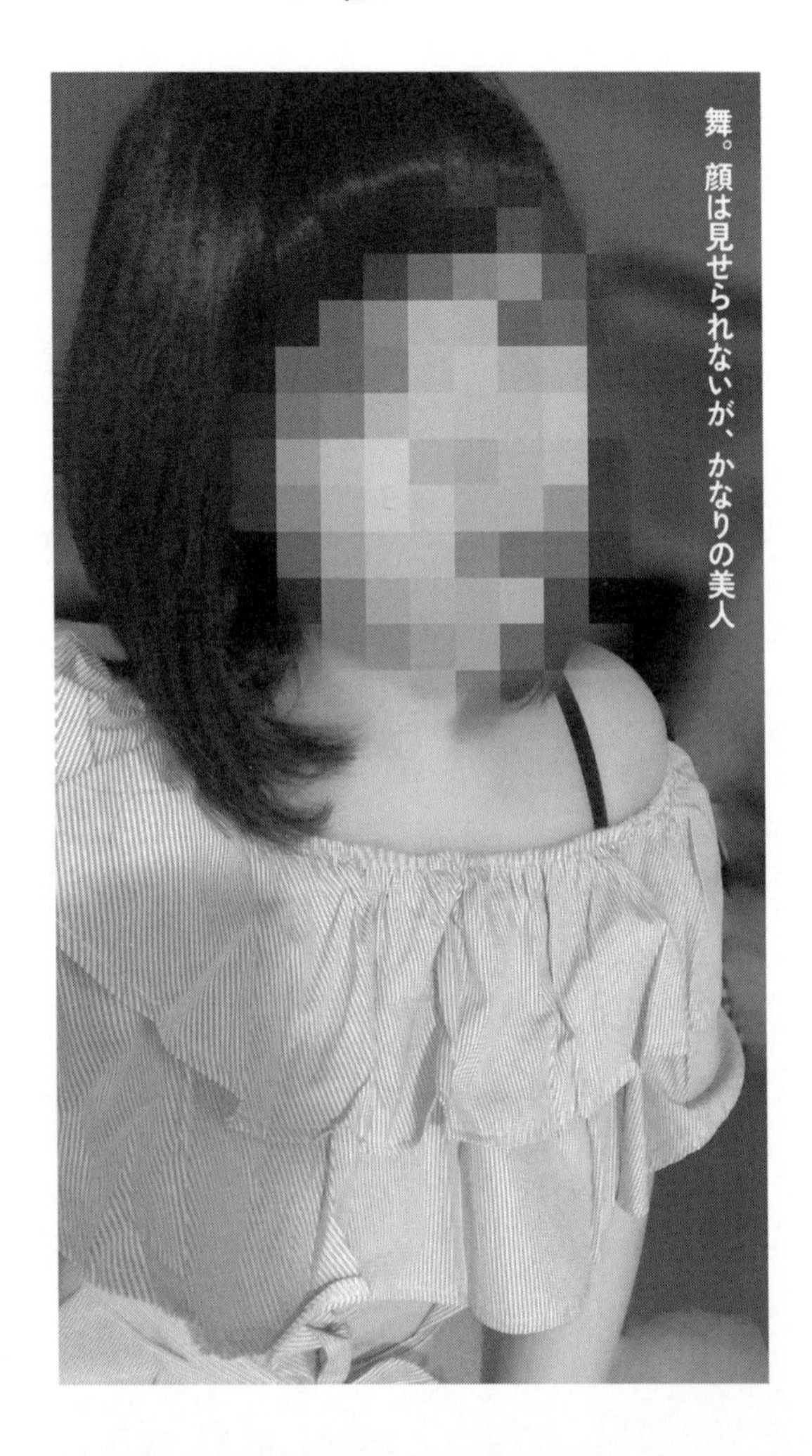

舞。顔は見せられないが、かなりの美人

『別のホスクラに通うのは、やめてほしい』って言われて。努力はしたけど、わたしの性格的にホストに行くのはやめられなくて。結局、（別の）ホスクラに行っちゃったのがバレて『おまえとはやっていけない』って言われて。そこから二か月くらいマジで鬱、統合失調症になっちゃって働けないし、家から一歩も出れないし。大阪の友達が家まで来てくれて『このままじゃ死んじゃうよ』って、気分転換に大阪旅行に連れ出してくれて、それで大阪のホストクラブで出会ったのが、今の担当です」

舞は現在、大阪にも部屋を借りて、東京との間を頻繁に行き来している。実際、この取材も東京に向かう新幹線の中からのリモートで行ったのだが、鬱の状態から、どうやって這い上がったのだろうか。

「わたしって、もともと精神バランスがヤバくて、何かあると病みがちなんです。病まないためにはどうしたらいいかって考えたら、誰か人と一緒にいることだと思って、担当に会うために、週二回くらい大阪に通うようになりました。担当と一緒にいるなら、働こうと思えるじゃないですか。それでちょっとずつ持ち直すようになった。今の担当の子は若くて、まだ23歳なんですよ。これまで、わざわざ東京から来てお金を落としてくれる人なんていなかったらしく、だからわたしに対して情が湧いたのか、すごく優しく接してくれたし、『付き合う？』って告白もしてくれた。彼女になったんなら、いちばんお金を使いたいし、できることなら毎日会いたいって思って、それで大阪にも部屋を借りちゃいました」

担当に会うためには、ホストクラブに足を運ばなくてはならない。そのためには金銭が必要であり、働かなくては金銭を得ることができない。〝担当〟の存在を原動力とすることで、舞は鬱を脱し、再び働き始めることができたものの、今度は働きすぎだと、通っている精神科の医者には言われているらしい。

すべてにおいて、担当の一番がいいんです。だからいちばんお金を使う

先ほど舞の取材は対面ではなく、リモートでおこなったと述したが、じつは取材数日前、編集者のH氏宛てに舞から「移動時間と被るかもしれない。タクシーや新幹線の中からスマホでつなげるけど、気にしないでほしい」と連絡が入ったという。取材のテーマからして、タクシーの運転手や新幹線に乗り合わせた乗客たちに漏れ聞こえてしまった場合、好奇の目で見られたり、公然で話す話ではないと注意される可能性もないわけではない。だったら今回はリスケし、後日、改めて落ち着いた状況で取材

をおこなうのはどうだろうか、と提案したところ、「気にしないので、全然大丈夫です！」と押されて、結局、東京に向かう新幹線の中で取材を開始することになったのだったが、普段から、いったいどれだけ忙しくしているのだろうか。

「休みは月に一回あったらいいくらいで。そのせいか、急に意識飛んだりしますね。でも、そうでもしないとお金が追いつかないんですよ。だって、わたしはすべてにおいて、担当の一番がいいんです。だからいちばんお金を使う。今の担当のことを本当に好きだし、だからこの好きが続くかぎり、わたしがいちばんお金を使わないといけないなって思うんです。だって、家にはわたし以外の女を入れてほしくないし、本営してくれるのはわたしだけでいてほしい。今はわたしがいちばんお金を使ってるから、当たり前のように毎日一緒にいれるし、ほかの女とは会わせないようにもできてる。こっちもほかの男にフラフラしないようになってるから、仕事で会えないとき以外は、毎日会ってるし、ほかのホストクラブにも行ってない。めっちゃ一途です」

　こうして〝ホス狂い〟から〝担当狂い〟に転身を遂げた舞だが、近頃は結婚も視野に入れているという。

「結婚営業されてるので、できたらいいなって。上半期のランキングに載れたら、俺と結婚してほしいって言われてるんです。本当かわからないですけど。でも『結婚す

担当のために
シャンパンタワーを

る』って一筆書かせてるので（笑い）。だから、『やらないなら訴えるぞ』って言ったら結婚してくれるので、一回結婚してみようかなって。結婚してもお店には行くし、変わらないけど」

かつて結婚が〝女の夢〟とされていた頃、〝ゴールイン〟と呼ぶ習わしがあった。二人の関係が成就する――具体的には恋人関係から夫婦となる――ことを指してのことだが、昨今は「結婚はゴールではなく、スタートだ」と言われることのほうが多い。結婚すれば、めでたしめでたしのハッピーエンドというわけではなく、そこから生活が続いていくからだ。まったくそれは正しいと思うのだが、そういう意味で、結婚したところで〝担当狂い〟の生活は続いていくと予測している舞は、至極冷静だ。

稼いだ分だけ注ぎ込めば、絶対に見返りがある

結婚してまでも尽くす対象にある〝担当〟とは、いったいどういう存在であり、ホストにハマる女性たちは、どうしてそこまで尽くすのか。その答えはおそらく、ホストクラブのシステムおよび、ホスクラに通う女性たちの、解釈の仕方にあるように思える。

一般的にホストクラブは、キャバクラに対比するものとされがちだ。メンキャバというものも存在するが、ホストクラブとは会計のシステムが違うだけで、内実はホストクラブとほぼ同じである。

キャバクラとホストクラブ（メンキャバ）とは「（主に）異性の客を接客する場」という点は共通しているが、根本的にはまったく違った質の客を相手にしている。

キャバクラに関していうと、会社の接待や付き合いで利用する客も少なくない。もちろん指名のキャバ嬢を目当てに通う〝ガチ恋客〟〝リアコ（リアルに恋していること）〟も存在するが、飲み会の延長や二次会などで、わいわいと楽しく酒を飲むことを目的とする場合も多い。

一方で、ホストクラブのメイン客の多くは、風俗やパパ活で稼ぐ若い女性たちだ。単独で訪れる〝一人客〟が圧倒的多数であり、キャバクラの客が領収書を切る（＝接待費などで落とす）割合に比べれば、ホスクラの客が〝会社の金〟で飲むことはほとんどなく、自腹を切って通うことがほとんどである。

それはどういうことかというと、キャバクラに通う客に比べれば、ホスクラに通う客のほうが、本気度が高いということを意味する（もちろん、例外はある）。

もうひとつの大きな違いは、ホストクラブは一度担当を決めたら、変えることのできない〝永久指名制〟であること。そして基本的に初回以降は、必ず担当を作るというシステムだ。キャバクラは建前上は〝自由指名制〟であり、フリーという立場で通い続けることもできる。

ここにホスクラの妙がある。というのも、〝家族〟や〝恋人〟、〝友人〟〝セフレ〟など、他者との関係性に名前が付くと、そこには枠組みが生じて役割が生まれるが、同じく〝担当〟という存在も、ホス狂いの女性たちの、ある種の役割を担うこととなるのだ。

その役割とはいったい何なのか。それは〝メンケア〟を施す係となることだ。

担当が姫の〝メンケア〟を施すのは店の中だけに限っての話ではない。普段から、ＬＩＮＥや電話などでこまめに連絡を取り合い、「おはよう」「おやすみ」といった挨拶や近況報告をしあうことはもちろん、仕事や私生活でつらいことがあったときには、その気持ちに寄り添ってもらう。デートやセックスはもちろん、同棲もその延線上にある。そうして恋愛のような喜びや日々の活力を得る見返りとして〝支える〟。具体的に言うと、担当の売り上げの目標を叶えるためや、ホストとしての地位を上げる手伝いをすべく、店に通って多額のお金を落とすのだ。

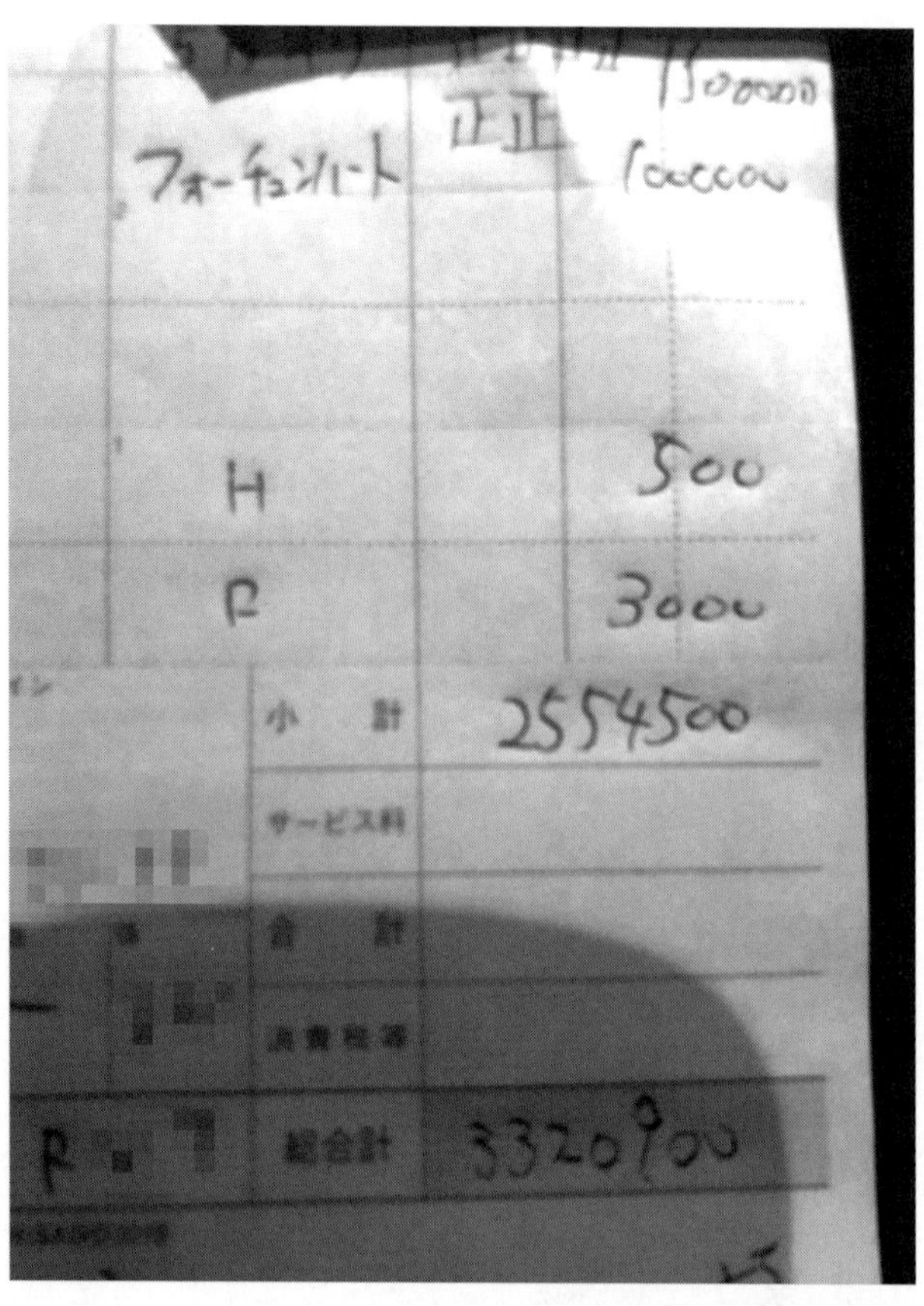

シャンパンタワーをやったときのお会計。
舞いわく、「しんどいっす」

きちんと女性客と向き合い、しっかりと満足させているホストは「しごでき（仕事ができる）」と評価される一方で、対応に不満があるホストに対して女性客は「仕事ができない」と、蔑んで見下す。

しかし、毎月、数百万円の単位で金銭を費やすことと、そのリターンとは果たして見合っているのか。舞は言う。

「稼いだ分だけ注ぎ込めば、見返りがあるんですよ。絶対に見返りが返ってくるから。っていうか、返ってくるようにしてる。わたしは思ったこと全部言うようにしていて、『これだけしたんだから、何々買って』とか。『どこどこ行きたいなぁ』とかね」

相手がホストではなく普通の男性であれば、それくらいのワガママや願いはすぐに叶えてくれるのではないかと思うが、ホストであるからこそのメリットもあるという。

「わたし、彼氏とは毎日会わないとダメなんですよ。顔を毎日見たい。ホストだと相手の都合関係なしに、自分勝手に行けるからいいんですよね。それに、いちばんお金を使ってるかぎりは、ほかの女にとられない安心感がある」

自分の理想とする付き合い方ができるのは、相手がホストであり、担当でもあるおかげ――舞が今の担当に毎月使っているのは、おおよそ200万円ほど。コスパという観点から見て、舞にとっては十分に適っているようである。

同棲解消を機にホス狂いを〝卒業〟した女

澪

Mio 24歳

「ホス狂いに戻ることはないと思う。飽きたというか。今までお金を使ったことは後悔してないですけど、もう使わないかな」

20歳の頃から四年間続けていたホス狂いを、先日卒業したという澪（仮名・24歳）は、新宿の喫茶店の窓際の席で冷めた口調で言った。

東京近郊の地方都市出身で、今は実家に住み、ホテルスタッフとして働いているという。眉の上で前髪をぱつんと切りそろえた黒髪のボブカットに、レースが施された黒いワンピース。いわゆる〝量産型・地雷系〟〝ぴえん系〟女子の代表的なルックスをしているが、メイクは薄い。そのメイクの薄さが、澪の顔立ちの良さを引き立てている。

事前に編集者から教えてもらっていた澪のブログに載ってたプロフィール画像もかわいらしかったが、加工のせいでどこにでもいる顔になってしまっている印象だった。概してネットを通じて知り合った相手と実際に会うと、実物のほうが劣る場合が多いが、澪は逆という稀有なケースだ。しかし、この優れたルックスこそが〝ホス狂い〟になる資質ともなる。

風俗で得た稼ぎを使う先がなくて。そこにちょうどホストというものが現れた

「最初にホストクラブに行ったのは、専門学校生だった20歳の頃。何で知ったかわからないけど同じ学校の友達が、当時、東城誠って名前だったROLANDのファンで。それでホストクラブに行ってみたいっていうんで、付き添いで行くことになった。お店はROLANDのところじゃなくて、道端でキャッチしてきた外販の人に紹介してもらったんだけど、怖いとかはなかった。体験したことなかったから、新しいことができるんだってワクワクしながら行きました」

その日、澪と友人は都合、三軒のホストクラブを回ったという。一軒目と二軒目は初回の六十分で帰ったが、三軒目は楽しくて飲み直してラストまでいたあと、指名していたホストらとアフターでバーに行き、澪と友人は二組になって別れ、朝帰りをしたという。

「三軒目のお店は、その前に回ったほかの二店とは、まったくレベルが違って楽しかった。結構有名な店で、キャストの人数も多いし、だから売り上げがある人もいて」

ホストクラブは、行けば必ずしも楽しめるというわけではない。

何度ホストクラブに足を運んでも、その面白さがさっぱりわからないでいるわたしは、ホスト遊びに向いていないのではないかと思っていたのだが、そういうわけでもないらしいことが、取材を進めるうちにわかってきた。のちにホストクラブにどっぷりとハマる女性であっても、ハマるまでには数軒のホストクラブの初回を試していることのほうが多いし、むしろ初めて行ったホストクラブで、ハマる（＝担当が見つかる）ほうが少ない。

だから担当を見つけたいという意志を持って、初回をめぐる女性たちもいる。恋活・婚活のように、ホストの担当を見つけるには、ホス活・担活が必要なのだ。

澪には「担当を作る」という強い意志はなかった。が、三軒目にしてたまたま担当ができて、以後は月に二度ほどのペースでホストクラブに通うことになった。その資金は、以前から働いていたデリヘルでの稼ぎを充てた。

「風俗を始めたのは、学費が足りなかったから。親には『お金のことは頼らない』っていう約束でホテルの専門学校に進学して、奨学金でまかなっていたんだけど、あるとき、実習で別途、12万円払わないといけない月があって。それまでは居酒屋とカラオケボックスでバイトしていたんだけど、普通のバイトで一か月で12万円を作るのって無理じゃないですか。だからデリヘルで働き始めたんだけど、実習費を払ったあとはその稼ぎを使う先がなくて。お金は貯まる一方だったところに、ちょうどホストというものが現れて、風俗をやる理由がホストになった。そこからは、稼いだらホストに使うループができた」

性風俗で働く女性をめぐる状況

異性に性的なサービスを行う見返りに、金銭を受け取る性産業については、その是非が常に議論の的ともなっている。社会福祉士の藤田孝典氏は性風俗業廃止論者（アボリショニズム）の立場から、性風俗そのものが女性に対する搾取だと強く主張しているし、一方で、セックスワーカーの健康と安全のために活動する団体「ＳＷＡＳＨ」の代表を務める要友紀子氏は、性風俗で働く女性たちを社会の犠牲者とみなすことは、差別だとして猛反発している。

本来は福祉が負うセーフティーネットを、性風俗が肩代わりすることはまずいとは思うけれども、わたしはどちらかといえば、女性が性風俗で働くことのメリットも小さくはないと、身近なセックスワーカーの友人らを見て思っている。

性風俗で働いて稼ぐには、ルックスや接客の技術、性に対する高いポテンシャルなどが必要となってはくるけれども、自分のペースで働きながら、ある程度の収入を得たいという女性にとっての、ひとつの選択肢として存在していいと考えているし、そもそも他人様の職業を部外者が「よくない仕事」などとジャッジすることは、余計なお世話だ。ましてやそれを更生させたいだなんて、とんだパターナリズムだと思っている。

しかし未成年および、成人して間もない学生が、学費のために性風俗に足を踏み入れざるを得ない環境は、率直にいっておかしい。高等教育を受ける権利は、本来は誰にとっても平等であるべきだ。

それに残念ながら、性風俗で働くことは世間一般ではスティグマ（特定の属性を持った個人、集団に対する根拠のない認識）となる。学生だったり、昼間の仕事と並行するならば経歴からも消しやすいけれども、専業にすると、その期間の職歴が空白になってしまう。一般企業に転職を望んだ場合、その空白期間は採用のネックともなる。

また、スティグマは恋愛や結婚といった人生設計にも影響を及ぼす。パートナー選びをする際に「性風俗で働いていること（いたこと）を受け入れてくれる男性」という条件が付くし、もしも隠し通すという選択をした場合には「バレてしまったら、どうしよう」という相応のストレスに悩まされることになる。実際にわたしの周囲でも、前者の「受け入れてくれる男性」と結婚した女性たちが、公園遊びだピクニックだと家族ぐるみでの付き合いを楽しんでいる一方で、後者の若い頃に性産業で働いていた経歴を隠して結婚をし、子どもをなした友人は、夫に長い付き合いの女友達たちを紹介できず、孤立しがちな状況にもある。

店グルというチーム戦

必要な額の決まっている学費と違い、ホストクラブは稼げば稼いだ分だけ、無限に金銭を費やすことができる。

「最初、風俗で働くのは週一〜二くらいだったんです。だから、ホストクラブに行っても、毎回、３０００円くらいしか使ってなかった。けど、四か月経った頃に、担当が警察に捕まっちゃって。連絡が取れなくなっちゃったから『辞めたのかな』と思って、別の店の初回に通うようになって。そこでまた新しいホストにハマって、最初の担当よりもお金を使うようになっちゃった。その頃には専門学校は卒業して、昼はビジネスホテルで働き出したんだけど、副業で風俗を続けて。月に昼職で20万、風俗で30万稼ぐ感じだったんだけど、シャンパンを入れたりもし始めた。二番目の担当は、かわいい系で当時19歳。ホストを始めて私が最初のお客さん、それまで指名をもらったことがないみたいな人で（お金を使うように）煽るタイプじゃない。その代わりに幹部とか仲良しのヘルプが、その人を売れさせたくて煽ってくるから、シャンパンを入れる、みたいな。わたしへの扱いもよかったけど、店グルですよね」

店グルとはホストと店側とが結託し、己（おの）らに有利な状況を作り出すことだ。担当のホスト本人から、シャンパンだ高額ボトルだを煽られる（オーダーするように勧められる）と、女性客によっては「わたしは金づるじゃない」と機嫌を損ねてしまう可能性がある。が、煽ってくるのが幹部やヘルプといったほかの従業員であれば、ホスト本人には悪気がないと信じやすい。

例えば、あなたの恋人が何かトラブルに巻き込まれたり、大きな悩みを抱えていたりする。本人は自力で解決しようとして、あなたには何も言わないでいることを、恋人の友達から聞いた場合、「なぜ自分を頼ってくれないのか」と水臭く思うのは、自然な感情ではないだろうか。その問題が自分の手助けで解決するのならば、任せてくれと言いたくもなる。そういった心理につけ込み、ホストたちはチーム戦を敷くことで、店に売り上げをあげるのだ。

朝ホスの本数エースという希少価値

「その担当とは七か月くらい続いたんだけど、なんか飽きて。最初は担当に会いに行ってたけど、だんだん担当がつまらなくなって。でも、店が楽しいから行く感じになっていった。そしたらその担当に全部お金が入るのがもったいなく感じて。仲よかったヘルプもほかの店に移ったこともあって、もういいかなって。だんだん連絡を返さなくなって、無視が続いて、相手からも連絡が来なくなって終わり。自然消滅しました」

担当との関係が切れたからといって、ホスクラ通いをやめたわけではない。次に澪が担当にしたのは、二部と呼ばれる早朝営業の部で働くホストだったという。

「その頃、19歳の本担のほかに、友営だったサブ担がいたんだけど、その人のお店でラストまで飲んだあとにバーに行って、それでも飲み足りなくて朝ホスに行くって流れで初めて行ってハマった相手。『本数エース（ひと月に最も多く来店して指名してる客のこと）してくれない？』って頼まれて『じゃあ、やるか』みたいな感じで毎日通ってました。朝の一時間だけ行って、クイックっていう制度で飲む。ピッチャーが二杯くらいついて一時間で１００００円。それを毎日やって、使っていたのは月20万ちょっと。とにかく本数をつけないといけないから。眠いし行きたくないときでも、とりあえずは毎日足を運んでた。お酒も飲まずに席でそのまま寝て、一時間経ったら起こしてもらって9時からの昼職の仕事に行ってっていう生活」

毎朝、仕事の前にホストクラブに通い、酒も飲まずに席に座り、ただ一時間寝るだけで10000円を払う。いったい何のために稼いで、何のために使っているのか。けれども、愛する夫のためにわざわざ早起きをして、自分は食べない弁当を作る主婦は珍しくない。どちらも献身という意味ではまったく同じだ。

献身には時に、「わたしにしかできない」という優越感、全能感が伴うこともある。多くの女性が「わたしには絶対にできない」と思うハードルの高い行動だからこそ、やる気を煽られることもある。

朝ホスと呼ばれるホストクラブの第二部は、日の出からお昼までの営業になる。夜勤の職業についているならともかく、日中働いている社会人が遊ぶ時間帯ではない。もちろんたまにハメを外して、夜中から朝や昼まで飲む人はそこそこ存在するだろうけれども、さすがに毎日そんな飲み方をしている人は珍しい。だからこそ、朝ホスの本数エースになることには、希少で高い価値があるし、そこに自分を置きたいと考えるのは、十分に理解できる。

お金を使う楽しみを一度知っちゃうと、もう使わないと楽しくない

澪が次に担当に選んだのは再び一部のホストで、今度は本営を掛けられることになった。

「次の担当のRは、色恋で本営の人でした。そのとき、彼が抱えている客数が多くなかったこともあって、時間に余裕があるからか、お店が休みの日はわたしに全部、時間を使ってくれていて。担当になってから三か月後くらいに、「ひと月後に（シャンパン）タワーをしてくれ」って頼まれて、その人のことはめっちゃ好きだったので、やろうかなと思った。けどタワーは最低でも１００万円はかかる。一か月１００万円を貯めるのに、昼職と風俗の兼業じゃ無理だと思って、昼職のほうを辞めました。デリヘルの出勤を増やして頑張ってお金を作って、タワーもやったし、飾り（ガラスの靴やハート形など、かわいい見た目のボトルに入ったお酒。卓に並べて華やかにするのと同時に、他客に対するアピールの意味もある）を集めたり。月に平均して２５０万円くらいは使ってました。あと12月の締め日はいちばん大事な日なんです。そこで一年の売り上げが決まるので。わたしの担当は年間ナンバーを目指してたから、そのときは750万使いました。だから、合計何千万使ったかはわからない」

これまで、最初の担当はイチャ営、二番目の二部の担当は友営だった。そこに来ての本営。澪は、これまでとは桁違いの金額を、Rに落とすようになった。見事に疑似恋愛の罠にハマった……と思いきや、そういうわけでもない。

「最初からホストクラブって、お金がかかる場所だとは認識してはいても、初回は数千円じゃないですか。お酒が好きだから、安く飲めるならいいなと思ってたくらいだったんです。ただ、ハマるとその店にしか行かなくなって、高くても行くようになっちゃうんですよね。だって、お金を使ったほうが絶対に楽しい。使う楽しみを一度知っちゃうと、もう使わないと楽しくない。タワーしかり、飾りだったり、シャンパンだったり。入れるとコールがあったり、扱いがよくなる。承認欲求が満たされるし、自分が特別だっていう喜びがあるんです。それを味わいたいから行くようになる。だからお金を使わないと行く意味がない。担当はもちろん好きだけど、担当のためというより自分が好きだから、行くんです」

毎月、アベレージ250万円をホストクラブに費やす生活。が、澪は実家暮らしだ。両親は澪の変化に、何か気が付かなかったのだろうか。

「それが知られちゃったんです。風俗って給料が手渡しじゃないですか。給料袋をうっかり実家の母親に見られたことがあって。そこに源氏名とか、六十分なんぼとか、『オプション電マ』とか書いてあった。いつも駅で捨ててたんだけど、一回持って帰っちゃって、バッグに入れてたら漁られてバレました。うちの親、過保護なんで、なんでも知りたい感じで『稼いでるお金は何に使ってるの？』って言われて『ホストに使ってる』って言ったら怒られて。『自分の人生だからいいじゃん』って伝えたら、呆れて何もいわなくなったけど」

ホストをめぐる三角関係の決着は、ツイキャスで

澪の私生活が変化する一方で、Ｒの人気もまた出始めていた。月に２５０万円ほど使うエースの澪を筆頭に、二番目の女性客が１５０～２００万円、三番目が１００万円以上は使う、三人体制が敷かれ、Ｒの売り上げを支えることとなったが、もちろんのこと同じホストを指名する「被り」である三人はバチバチに対抗意識を抱き合っていて、その火の粉はＳＮＳにも飛んだという。

「みんなＳＮＳで匂わせるんですよね。Twitter のヘッダーを担当とのＬＩＮＥにし

たりチュープリ（キスをしている姿を撮ったプリクラ）にしたり。自分のほうが扱いがいい、金使ってるぞってことを知らせたい。もちろん、実際に店で鉢合わせたときには、マイク（ホストクラブには、シャンパンコールのあとに、女性客がマイクを持ち、ひと言スピーチをする習わしがある）で煽る。『お金を使わない人は帰ってくださいい』とか（笑い）」

やがて澪の頑張りが通じたのか――ホスト側の視点からすると、太客である澪をさらにがっちりと抱えようと考えたのかもしれないが――担当から澪は、同棲を申し込まれる。一緒に住むことになるが、それにも紆余曲折あった。

「部屋を探して、決めるところまでいったんです。けど、引っ越しの一週間前に『被りの子と住むことになったから、一緒に住めない』って言われて。二番目にお金を使っていた子なんだけど、当然『は?』ってなるじゃないですか。すぐに相手のTwitterのアカウント見つけるために、Rのアカウントのフォロー欄を順番に見ていって、それらしい写真とか文章とかを探して。そんなことをしていたら、担当と被りの子が一緒に薬でオーバードーズ（OD）してから、わたしに電話をかけてきた。被りの子に代わられて。それでツイキャスで話そうってことになったんです」

ツイキャスとはライブ配信のサービスだ。Twitterをはじめとする各種SNSと連携ができるため、フォロワーを中心とした視聴者に見てもらいやすいというメリットがあり「誰かと気軽に雑談したい」「自分の気持ちを話したい」というユーザーたちが多く利用している。また、配信の主催者に対して、視聴者が希望し、主催者がそれを許可すれば、コラボといって別々の場所から会話に参加することもできる。

ようするに澪と被りは、ホストをめぐる三角関係の決着を、SNSのオーディエンスの前で付けることになったのだ。昨今利用者が増え続けているSNS上では、「人生をコンテンツ化する」ことを推奨する向きもあるが、澪と被りとの配信は二千人近くの視聴者が訪れたという。

「内容としては、『担当を切ってくれない?』って言われて。そのとき、わたしには掛けが40万円あったんだけど『その40万、払うから』って。ODしているから、あまり話にならないし、ごたごたするのも面倒。掛けを払わないでいいならって思って了承してRを切った。けど半年くらいして、Rから電話があって、被りのあの子とは切れたから、戻ってほしいって頼まれた」

知らないおじさんとセックスするの、嫌だなと思ったら、出勤できなくなって

波瀾万丈の展開の末に、澪は担当と新宿に部屋を借り、同棲をすることになった。同棲の初期費用と月々の光熱費はRが持ってくれたというが、毎月の家賃は澪が払う分担だった。

もちろん、ホストと同棲生活をしたとしても、店に通いお金を使い続けることには変わりない。

「同棲してるってだけで自分が一番っていう感じがあった。我慢してでも同棲してることが大事で。でも生活は合わなかったです。ずっと一緒にいると、性格の違いとかあるし。わたしは家だとあまりしゃべりたくないんだけど、向こうはめっちゃしゃべってくるのが、嫌だったり」

念願が叶ったかたちになるが、あまりうまくいかなかったのは、店での彼と家での彼にギャップを感じたせいだった。さらには一緒に住んだことで、仕事のペースを乱

されるのも負担になった。

「その頃は、池袋のヘルスで昼の12時から朝の5時まで働いていたんだけど、体調が悪くて、仕事休みたいって言ったら怒られて。休みたいときに休めない、強制的に働きに行かされているっていう状況もつらくなった。ちょうど新型コロナの流行とも重なって、お店にお客さんが来ないから稼げなくなって、ホストクラブに使えるお金もなくなって。使えないと楽しくないから、もっと稼ぎたいけど、新型コロナで思うように稼げない。そういう感じで同棲を解消して、同時に担当としても切りました」

八か月間に及ぶRとの同棲解消を機に、澪はホス狂いを卒業した。もう未練はないという。

「もしかして新型コロナがなくてお金が稼げてたら、まだ続けてたかもしれない。わたしだけじゃなく、周りの子たちも、その頃に続々とホス狂いをやめていったのは、たぶんあまり稼げなくなったから。バリバリにエースやってた子も、ホストから離れていったので。今もホストのために頑張ってる子はすごいと思うし、バカバカしいなとは全然思わなくて、頑張ってるなぁと思うけど」

ホス狂いの卒業とともに、風俗の仕事もまた辞した。もう稼ぐ必要もないからだという。

「お金はあったら困らないだろうけど、知らないおじさんとセックスするの、嫌だなと思ったら、出勤できなくなって。そうなったら、無理してまでやることじゃないなと思って。お金ないときは出勤しなきゃと思ってたけど、今は気持ち的に無理。だから、昼職を探して風俗は辞めました。昼職といってもバイト。何もやっていないブランクが二年くらいあったので落とされたりもしたけど、ようやく見つかって。落ち着いたなと。母には、ホス狂いをやめたって伝えたら喜んでました。やっと飽きたんだねって」

澪とは夕刻、新宿の街中で別れた。これから女友達と会う予定があるというので、どこかで食事でもするのかと尋ねたら、友達に付き合って歌舞伎町のホストクラブの初回に行くという。大丈夫なのだろうか。わたしの表情を素早く読んだのか、澪は最後にこう告げて去っていった。

「今は担当を作る気はないんです。今は自分にお金を使いたいし、お金もないし」

ホスクラの楽しさとは何なのか？

初回潜入ルポ Part 1

左……風林会館の近くにはホスクラの看板がズラリ

2億円 PLAYER
年間売上グループ記録保持者
2年連続年間売上1億円突破
年間売上1億円突破
TikTok集団

2021年6月上旬、新型コロナ感染拡大による三度目の緊急事態宣言の真っ最中、わたしは歌舞伎町の風林会館ビルの前にいた。時刻は午後8時。新型コロナの流行以前に比べれば、だいぶ人出は少ないけれども、一度目の緊急事態宣言中のように、すべてのネオンが消えてしまっているわけではない。いくつかの看板の電灯は消えていて、歯の抜けたようにはなっているものの、飲食店やダーツバー、雀荘、風俗の無料案内所、キャバクラ、そしてホストクラブの看板は、煌々と光っている。

かつての賑わいには到底届かないが、路上にもそこそこの人出がある。しかし、往来を行き来している人々の属性は、かつてほど雑多ではない。以前は多く見かけた、スーツを身に着けた会社帰りのサラリーマンや、飲み会に集った学生風の集団、そして各国からの観光客の姿はほとんどなく、代わりに目立つのは20代とおぼしき若者たちの姿だ。

中高年の男女がまったく歩いていないわけではないが、如実に若年層が多いために、紛れ込んでしまっている。新型コロナの流行以前に比べると、歌舞伎町を活動のメイン地とする「歌舞伎町の民」とでもいうべき人々だけが残り、我が物顔で路上を闊歩している印象を抱いた。

そんなディープさを増した歌舞伎町の真ん中に、なぜわたしは突っ立っているかというと、以前、取材で話を聞いた結衣にホストクラブに連れていってもらう約束を取り付けたからだ。

もともとは、ホス狂いとされている女性がホストクラブでどのようにして遊ぶのかを知ってみたくて、結衣の担当のお店に「枝」（すでに担当のいる女性に同伴して、フリーの客としてホストクラブに行くこと）として連れていってもらえないかと頼んだのだった。しかし、結衣の担当は、店に友人などを連れてくることを嫌がるので難しいという。

代わりに、どこか適当なホストクラブの初回ならば付き合ってもいいというので、今日に至った。

が、自分から提案したにもかかわらず、わたしの心持ちは、正直なところ楽しみというよりも、見知らぬ男性たちと話す億劫さが先立っていた。

これまでにホストクラブで飲んだ経験が、三度ほどある。

一度目は2000年代の頭で、わたしは20代前半だった。たまに遊びに行くことのあった六本木のＳＭバーの二部が、ホストクラブとして営業を始めたというので、女友達とそのバーに遊びに行った際、なんとなくの興味本位で二部まで居残ったのだった。

一応はホストクラブとされていたけれども、実際のシステムはスナックに近い感じだった印象がある。わたしも女友達も初見の客だったけれども、次々とホストが現れては去っていく、いわゆる顔見世的な「初回」の営業スタイルではなく、最初から三、四人のホストに囲まれて飲んだ。ＳＭバーからの流れということで、話題はシモネタで盛り上がっていたところ、突然、接客中の一人のホストがペニスを出し、反射的に女友達が「チンカス臭い」と顔をしかめた記憶がある。本当に臭かった。

二度目は２００５、６年の頃だったと思う。出版業界の先輩の女性と、歌舞伎町の居酒屋で飲んだあとの二次会に「行きつけのホストクラブがある」と連れていかれたのだった。

今となっては店の名前も場所もまったく覚えていないが、落ち着いた雰囲気の店でホストたちはみな、バシっとしたスーツを身に着けていたこと。まったく話をしない「ビジュアル系バンドのしゃべらないメンバー」のようなホストが一人いたこと。先輩の指名するホストは俳優の反町隆史に似た、コワモテの男前だったけれども、ニコリともしないもんだから、卓に妙な緊張感が漂っていた記憶がある。

三度目は２０１２年、34歳のときだ。

女友達五人で集まって飲む予定があり、その二次会としてホストの初回に行ってみようという計画を立ててた。せっかくだからいつもとは違った、何か刺激的な遊びをしてみようという試みだった。

メンバーのうちのほとんどがホストクラブに足を踏み入れたことすらなく、どの店がいいとか、いくらで飲めるといった情報もない上に、物見遊山での冷やかしだったので「せっかくだから、有名ホストやイケメンのいる店がいい」という発想はなかった。とりあえずは街を徘徊してキャッチにつかまってみることにして歌舞伎町をうろつき、最初に話しかけてきた20代前半のホストの店で飲むことになった（２００５年、都知事を務めていた石原慎太郎の肝入りの歌舞伎町浄化作戦で、路上でのキャッチはほぼ撲滅したはずであったが、２０１２年のこのときは、またホストが路上に立っていた）。

ホストクラブへ向かう道すがら、声を掛けてきたホストに話を聞くと、地元の茨城からつい数日前に出てきたばかりだという。当時、ホストたちの間で流行していたスジ盛りヘア（髪を逆毛にし、筋を作るヘアスタイル）をしていて、それらしさはあったものの、茨城弁がまるで抜けておらず、まったくあか抜けていない。おまけに顔もよくなかった。「勝負するなら、やっぱり歌舞伎町だと思って、来た」と胸を張っていたけれど、「勝負に破れて、すぐに地元に帰りそう」と思ったことを覚えている。

連れていかれたホストクラブの初回料金は、九十分間、ジンロが飲み放題で1000円だったと思う。ホストクラブの初回は、店によっては居酒屋で飲むよりも安いという噂は聞いていたが、本当にそうだったので驚いた。安さも衝撃だったが、ホストクラブ自体もまた、衝撃的につまらなかった。確かにイケメンといえるキャストもいたにはいたが、さして話が合うわけでも、盛り上げてくれることもなく、九十分間ずっと退屈だった。

最悪だったのは、終了後だった。見送りを担当する「送り指名」を選ぶように言われ、仕方なしに消去法で、茨城弁の彼を指名したところ、突如態度が豹変した。肩に手を回して強引に抱き寄せるなど、オラつき出した挙句、その日わたしがしていたファーのマフラーを奪い取り、「これ、もらっていいよね」と自分の首に巻き付けたのだった。

こちらに気があれば「マフラーを返すことを口実に、もう一度会いに来させる」というテクニックとして成立するけれども、そうでもない相手にされたら単なる追いはぎであるし、何より貧乏くさい。すっかり萎えた気分で、ホストクラブを後にしたのだった。

というのが、わたしの数少ないホストクラブ体験だ。

店選びに失敗したのか、そもそもホスト遊びが向いていないのかわからないが、これまでホストクラブで楽しいという思いをしたことは一度もなく、むしろ退屈だったり、気を遣ってまったくリラックスできなかったりで、結論として気心の知れた友人たちと居酒屋で飲むほうがずっと楽しいと思える。

けれど、このルポを描くためには、ホストクラブの魅力――ホストたちがどう女性たちを惹きつけ、そして狂わせるのか、その構造を理解したい。果たしてわたしに、ホストクラブの楽しさが理解できるのか……という懸案に加えて、これまでのめぐり会いがたまたま悪かっただけで、理解した挙句にミイラ取りがミイラよろしくホスト遊びに目覚めてしまったら、という一抹の不安をも抱きつつ、当日、歌舞伎町に臨んだのだった。

待ち合わせの時間ぴったりに現れた結衣は、以前取材したときよりも、しっかりとめかし込んでいた。膝上丈のチェック柄のフレアスカートに、薄手のニットカーディガンのボタンを首元までしっかりと閉めた良家の子女風のスタイルだ。ブランドのバッグとともに、北海道土産の定番、『白い恋人』の紙袋を下げている。

驚いたのは、結衣が到着した瞬間、周囲に立っていた男性たちの視線が一気に集まったことだった。なんらかの嗅覚で吸い寄せられるように結衣を注視し、話しかけるタイミングを伺っているのがわかった。

そもそも、彼らはいったい何者なのか。居酒屋の客引きにしてはみな、年齢が若く身綺麗で、ルックスもそう悪くない。かといってホストかというと、また違う気がする。待ち合わせした風林会館の前に到着したときから、密かに訝しく思っていたのだが、その謎は、話しかけてきた男の最初の言葉で解けることとなった。

「ホスト、探してない？」

キャップを被り、ボーダー柄のTシャツ。カジュアルで清潔感がある、大学生のような雰囲気の男性だった。結衣は一瞥をくれたあと、うーんと曖昧に濁す。すると続けて男は結衣にこう尋ねた。

「担当とか、いないの？」

「いるんだけど、今日は店休で。あ、あのトラック。じつはあの人なんだけど、昨日は彼のところでリシャール入れちゃって」

結衣が、たまたま区役所通りを通りかかったホストクラブのアドトラックを指す。その瞬間に男の表情が変わった。

「えー、じゃあ、あのトラックのパネル、おねえさんが出したようなもんじゃん」

リシャールとは、フランス製の高級ブランデー『ヘネシー』の上位クラスの商

一緒に初回に行ってくれた結衣（写真は前回取材時のもの）

品で、ボトルにはバカラ社のクリスタルが使われている贅沢な酒だ。現在、歌舞伎町のホストクラブでは400万円ほどの価格が付けられている。ようするに結衣は男に、昨晩ホストクラブで400万以上使ったことを匂わせたのだ。結衣の目論見どおり、男は途端に浮足立った様子で、素早くスマホを取り出して「こことかどう？」と結衣に画面を差し出した。

「ああ、イケメンだね、若い？　うーん」

結衣が言葉を濁した。あまりお気に召さなかったようだ。いったいどんな有り様なのかと画面を覗き込むと、髪の色がとりどりのホストたちの顔写真がずらりと並んでいた。

K－POPアイドルのようなルックスで、結衣の言うとおり、平均年齢もかなり低そうだ。40代半ばのわたしには誰も彼も、子どもにしか見えない。

「こっちは、どう？『P』って店なんだけど」

男は、結衣があまりお気に召さなかったことを悟ったようで、またすぐに別の店舗のHPを表示させてスマホを差し出した。

「あー。ここもイケメン。こっちのがいいかな」

「ここ、初回ちょっと高くて。九十分で5000円なんだけど、安くできなくて。代わりに俺、5000円自腹切るからさ。それにちょうど初回デーだからいいと思うよ」

初回で5000円はなかなか高い気がしたが、それよりも驚いたのは、目の前の男性が半分払ってくれると申し出たことだ。


結衣と男は、その『P』という店を紹介してもらうことで、話がついたらしい。

男は『P』に電話をかけたあと、わたしたちを花道通り沿い、区役所通りを渡った先にある雑居ビルの前まで送り届けてくれた。「また何かあったら、俺を使って」と結衣とLINE交換をしたあと、最後に1000円札を5枚渡し、「俺から5000円もらったことは、絶対に店には秘密にして」と強く言い残して去っていった。

エレベーターに乗り込み、『P』に到着するまでのわずかな間に結衣に確認すると、彼は外販と呼ばれる存在であるということを教えてくれた。

かつてはホスト自身が路上でキャッチしていたが、今は警察に捕まるリスクが高いので、代わりに外販がその役割を担っているらしい。後日、歌舞伎町を案内してもらった仙頭氏に彼らの給与の仕組みを尋ねたところ、我々が初回として払う料金はそのまま、彼らの懐に入るという（ホストクラブとの契約によっては、紹介バックが変わってくる）。ということは、結衣とわたしをホストクラブに連れていった彼の儲けは

5000円。得たのは結衣のLINEのID。売り上げを減らしてまでも、再び結衣に、外販として利用してもらうチャンスに懸けたようだ。

待ち合わせから店決め、そして入店まで。瞬く間に展開が進んでいったが、どこか取り残されてしまったような気持ちになった。それは、これまでどちらかといえば親しみを感じていた歌舞伎町という街に、まったく知らない側面があることを目の当たりにしたからだった。

ホストクラブには足を運ばないとはいえ、歌舞伎町を含む新宿で遊んだことがまったくないというわけでもない。若い頃はそれこそ、歌舞伎町のキャバクラに勤めていたし、冷やかしでお見合いパブに足を踏み入れたこともある。風俗サイトの制作の仕事をしていた頃は、雑居ビルの中にある箱ヘルに、よく取材に伺っていた。ゴールデン街や二丁目に、顔見知りのバーがいくつかあるし、トークライブハウスの『新宿ロフトプラスワン』にも、ずいぶんとお世話になっている。自宅が近いこともあって、今でも週に一度は、自転車でデパートやら映画館やらを訪れる。

それこそ10代の頃からこの街と、そこそこの関わりを持ってきたつもりだったけれども、それはまったくの誤解だったことを、見たことのない風景を目にしたことで、知った思いだった。

入口で身分証明書として免許証を出して年齢確認してもらったあと、検温を済ませて店内へと足を進ませた。オープン直後だったせいか、店にいる客は二〜三組。組といっても、どの卓もおひとり様で訪れた女性客を、一対一でホストが接客している状況だ。

今日は初回デーという、初回の客限定の営業日らしい。結衣いわく、初回デーだと常連客がいないため、売れっ子のホストが席に回ってくるメリットがあるという。

わたしたちが席に腰を下ろすと、さっそく内勤（スタッフ。キャバクラでいうマネージャーやボーイ）がタブレットを持ってきて、わたしたちに手渡した。

液晶には在籍しているホストの宣材写真がずらりと並んでいる。男メニューと呼ばれるもので、ここから話してみたいホストを三人選ぶことができるという（ただし、その日休んでいる者もいるし、指名などで忙しくて卓に回ってこない場合もある）。

結衣はさっそくタブレットをタップして「この人は顔がいい」「ヤバ。こいつもうすぐ誕生日！」などと楽しそうに、選び始めた。それに倣ってタブレットを覗き込んでみたが、どういう基準で選べばいいかさっぱりわからない。それを結衣に伝えたところ、不思議そうに「顔じゃない？」と返ってきたが、メイクしていたり加工がかかっているせいで、選びにくい。

そもそも今回の趣旨は取材なのだから、話を聞いてみたい人を呼ぶべきだ。できれば、幅を持たせたい……というわけで在籍するホストの中ではベテランだというG、新人で10代のF、短髪で上半身裸でタトゥーを見せている格闘家っぽい雰囲気の宣材写真が目を引いたOを選んだ。Oを選んだのは、アイドル風のホストがもてはやされる中、我が道を行っているこだわりがあるのならば、面白い話が聞けるのではないかと思ったからだ（それに、在籍のホストの中ではいちばん好みのタイプだった）。


内勤にそれぞれのリクエストを告げたところで、ジンロと、割物と呼ばれるウーロン茶のピッチャーが運ばれてきて、間を置かずに二人のホストが登場した。

二人とも、イケメン風ではあるけれど、ものすごくイケメンというわけでもない。服装は一人が黒っぽいTシャツに黒いパンツ、もう一人は柄のシャツに黒いスラックスだ。過去訪れたホストクラブは、みなスーツを身に着けていたが、今はカジュアルな私服が主流だという。

結衣の前についたホストは、テーブルを挟んで向こう側の丸椅子に腰を下ろすなり、ソファに置かれた紙袋を見つけて言った。

「何それ、北海道帰り？」

「ううん。さっき、お客さんにもらったの。出張に行ってきたらしくって」

そう口火を切った結衣の、以後の場運びは驚くほどに鮮やかだった。

まず、結衣は、他店に担当がいることをホストたちへと伝え、そのあと、今日は担当の店が休みであること。万が一、担当の店に呼ばれてもいないのに歌舞伎町を歩いているところを見られでもしたら、殴られるということ。そして昨晩は、なんでもない日なのに担当の店で高額を使ったことを告げた。

途端、ホストたちが色めき立った。先ほどの外販とまったく同じ反応だ。

以降、来るホスト、来るホスト、とにかく積極的な態勢で結衣をとにかくチヤホヤする。

結衣は満足そうに「この店、当たりかも。みんなちゃんとしゃべれるし」とわたしに耳打ちしたあとに「さっき、ちょっと匂わせたんだけどね」と続けて囁いた。

客からもらったという地方の銘菓の紙袋は、結衣が風俗業あるいは水商売で働く女性であることを連想させる。他店の担当に、日常的に高額を使っている様子もある。

そして、担当に離したくない存在とされていることも。

入店からわずか五分で結衣は、あくまでもさりげなく、ホス狂いの太客であることを店側に知らしめ、その結果、ホストたちのやる気を煽ることに成功したのだった。

一方でわたしの席につくホストは、結衣につくホストたちに比べると、あからさまに熱が低い。「今日はどうしたの?」という質問に「いや、なんとなく、ホストクラブってどんな感じなのかなって思って……」などと、まごまごと返しているのだから当然だ。

とはいうものの、とにかく酒が好きで好きでたまらず、ホストクラブの営業が終わってからの晩酌がいちばんの楽しみ。特技は手を使わずに吐けることで、十年間、酒で記憶を失くしているので実質まだ俺は20歳だ、と主張する三十路のホスト(顔はかっこよかった)や、趣味は女装だという二丁目ノリの美少女顔のホストなど、在籍のホストたちはバラエティーに富んでいて、それなりの面白さがないことはない。が、初回は5000円で飲めるけれども、次からは数万円からの予算が必要となる。目の前の男性に、それだけの価値があるのか……とつい値踏みをしてしまう。

やがて隣に、男メニューでリクエストしたFが来た。

19歳の新人だという。地元は九州の某県で、東京には半年前に出てきたばかり。新宿の南口にその県のアンテナショップがあって、甘口の醤油を買ったことがあると言ったところ、「そんな近いところにアンテナショップがあるんだ！」と驚かれて、わたしのほうがびっくりした。が、19歳という年齢を考えれば、地元の名産ショップになど興味がなくて当然かもしれない。

ホストになろうと思ったきっかけや、地元ではどんな青春を送ってきたかなど、いろいろと聞いてみたものの、さして面白い話は出てこない。19歳なのだから、それも仕方ない。ひとついいところをあげるとすれば、これまで席についたどのホストよりも圧倒的に綺麗だった。顔はモデルのように小さく、おまけに背は長身だ。言葉遣いは丁寧だし反応もいちいち素直で、例えるならば、「息子として理想的」だと思った。ホストなのだが。

その次に席に来たのは、ベテランがいいというわたしのリクエストに、内勤が推薦してくれたGだった。年の頃は25、6歳、山﨑賢人に似たイケメンだ。予想していたよりも若いが、もらった名刺を見ると肩書がついている。

Gとの会話でいちばん印象深かったのは、「ホストクラブの楽しみ方が、よくわからない」と尋ねたときのことだ。

返ってきたのは「ホストクラブの醍醐味は、好きな顔のホストと飲めること。それに、なんだったら、そのホストと普段もLINEできるし、デートだってできるし、ワンチャン一緒に住むこともできる」というシンプルな解説だった。

接客だけを売っているのではなく、疑似恋愛を売っているということを、最初に明らかにするのは少し意外だが、わたしにとってはありがたい。もう少しぶっちゃけた話を聞きたいと「ホス狂いって最近、よく聞くけど、そういうお客さんっています？」と尋ねたところ、「今、歌舞伎町のホストで、ある程度長くやっているやつは、誰でも一度か二度は刺されそうになった経験があるんじゃない？」という。

ホストという職業は、女性を搾取することで成り立っているという向きがある。けれどもその搾取を、女性たちに搾取と感じさせないテクニックが必要だ。大金を費やせば費やすほど、女性客の欲求は高くなり、それなりの対価を求められる。満足な対価を与えられずに、相手から奪ってばかりいれば刺されるのも自己責任だと考える人もいるかもしれないが、しかしホストは職業でもある。「誰でも一度か二度は刺されそうになった経験がある」なんていう、危険な職業が、ほかにあるだろうか。

　さすがベテランは興味深い話をしてくれる、と感心して聞いていたところ、今度は逆にGがこちらに尋ねてきた。

「男に金、貢いだことある？」

「あぁっ！　あるといえばある」

　思わず、これまでになく返事が食い気味になったのは、じつは昔、付き合っていた相手に100万円ほど貸したことがあったからだ。借金を平気で踏み倒すような男性を信用して、そこそこの大金を貸してしまったことを恥じる気持ちもあって、これまでほとんど誰にも言えないでいた。

　口先だけの同情を寄せられたくもなかったし、かといって気の毒がられるのもプライドが傷つく。その一方で、誰かに愚痴って笑い飛ばしてすっきりしたいという思いもあったし、ネタとしてしゃべれば、悔しさやわだかまりも昇華できるのではないかという気持ちもあった。貢ぐと貸すでは、少々意味合いは違ってくるけれども、Gの問いはある意味で、わたしの核心を衝いた。

　わたしに限らず、歌舞伎町のホストクラブに遊びに来るような女性は、一度や二度は男性にお金を貢いだり、貸して踏み倒されたことがあるのではないだろうか。だとすれば、テッパンで盛り上がる話題だし、いくら貸したのか、その額を尋ねれば、その女性の懐事情や金銭感覚も測ることができる。また、ホストに金を費やせば費やすほど格があがるホス狂いの価値観になぞれば、相手の女性の顕示欲を満たすこともできる。逆に「貢いだことも、お金を貸したこともない」という女性は、あまりホスト慣れしていないと判断して、作戦を立てる際の参考になる。なんとも秀逸な会話運びだと感心した。

あっという間に初回の九十分は終了した。このあと、引き続き飲みたい場合は、通常料金を払っての飲み直しになると説明を受けたが、辞して退店することにした。すると、送り指名を選ぶようにと言われたので、新人のFと迷って、結局Gに決めた。再訪の予定はないのに新人のFに期待させては申し訳ないと思ったのと、Gならばわたしを脈も金もないと判断して、営業してくることもないと思ったからだ。

卓に戻ってきたGと、一応はＬＩＮＥを交換し、エレベーターホールの前まで送ってもらって店を出た。そのあと、ホストたちにもらった名刺をごっそり忘れてきてしまったことに気が付いて、結衣によかったら写メを撮らせてもらえないかと尋ねたところ、「期待させたら悪いから、わざと卓に全部置いてきた」という返事が返ってきた。

その夜のうちにGからLINEが届いたけれど、二回ほどやりとりしたあと、連絡は、あっさりと途切れた。

世間を騒がせた、衝撃のホスクラ事件簿

左……ホストクラブが多く入る『第6トーアビル』。飛び降り自殺などの事件が多発しているため〝不吉なビル〟と言われている。

第6トーアビル

近年、ホスト業界が盛り上がるとともに、ホス狂い（ホスト）に絡んだ事件も多発している。いくつか紹介していきたい。

新聞をはじめ、テレビや週刊誌などの各メディアを大きく騒がせた事件といえば、２０１９年５月に発生した、新宿抜弁天殺人未遂事件ではないだろうか。

ガールズバーで店長を務めていた高岡由佳（当時21歳）が、新宿区のマンションで当時20歳だったホスト男性、琉月（るな）さんの腹部を包丁で刺して重症を負わせた事件だ。

半裸で倒れている被害者の傍らで、返り血で全身を真っ赤に染めた高岡がタバコを燻らせながら携帯で通話している、犯行直後のインパクトある画像がＳＮＳに流出したことや、凶行へと至った理由として「好きで好きで仕方がなかった。一緒にいるためには殺すしかないと思った」と供述したこと、警察へ連行される際、うっすらと微笑んでいるように見えたことなどが、世間の注目を大きく浴びることとなった。

公判では高岡が、琉月さんの働くホストクラブに通うようになって、風俗勤めやパパ活を始めたこと、琉月さんの「結婚しよう」「9月にはホストを辞めて一緒に住む」という言葉を心の拠り所にしていたこと、事件の三日前にも総額２５０万円ほどの金額を、琉月さんが所属するホストクラブで使っていたことなどが明らかになり、世間

高岡由佳被告（本人のInstagramより）

の同情を買った。

被害者のホストが判決前に示談を受け入れ、証人尋問で「罪を償うかたちでなくて、普通の生活を送ってほしい」と発言し、さらには寛大な処分を求める嘆願書を提出したこともあって、判決の行方が注目されていたが、裁判では「強い殺意」「身勝手な犯行」を指摘され、控訴審を経て三年六月という厳しい実刑判決が下されることとなった。

なお、被害者のホストは、事件後わずかひと月ほどでホストとして復帰。その際に「不死鳥るな」と改名して一部で話題を呼んだ。現在は「痛みに負け琉月」という名前で、歌舞伎町でホストを続けている。

２０２１年4月には、歌舞伎町のラブホテルで無理心中とみられる事件が発生している。

20代と思しき男性の胸と腹には計二か所の刺し傷があり、血まみれのシーツの上には、包丁と枝切りバサミがあったという。女性も同じ室内で首を吊って死亡しているのが確認された。真相は明らかではないがホストとその客ではないかと推測されている。

２０１４年7月にも、大阪でホストの男性が女性客に、自宅で包丁で刺される殺人未遂事件があったと報じられている。いずれも凶器がアウトドアナイフなどではなく、生活に密着したアイテムの包丁であるのが、女性の犯行ならではという印象を受ける。

本題からは少しそれるが、日本の犯罪史上で男女の痴情の縺れが刃傷沙汰へと発展した有名な事件といえば、自由恋愛を掲げていたアナーキストの大杉栄が、神近市子に刺された日陰茶屋事件（１９１６年）と、仲居であった阿部定が、性交中に愛人の男性を扼殺して局部を切り取った阿部定事件（１９３６年）だ。

日陰茶屋事件は、『エロス＋虐殺』（監督：吉田喜重　出演：岡田茉莉子、細川俊之ほか）、阿部定事件は『愛のコリーダ』（監督：大島渚　出演：藤竜也、松田暎子ほか）として映画化もされているが、新宿抜弁天殺人未遂事件もまた『そこにいた男』（監督：片山慎三　出演：清瀬やえこ、安井秀和ほか）というタイトルで２０２０年に映画化された（オマージュであるとのことだが、マンション内のエレベーターホールに血まみれで倒れている男の横で、刺した女がタバコを吸いながらスマホで誰かに電話している姿が再現されている）。

不誠実な男性への、愛憎が極まった女性が凶行へと及ぶ事件に、人々が興味を惹かれるのは、そこに愛とエゴの生々しい姿が垣間見えるからだろうか。無償の愛は尊いものとされているが、ホストクラブでは、愛＝伝票（金銭）なのだ。女性客たちの献身的な愛は、風俗やパパ活といった身を切っての金銭でしか証明されることはない。

もちろん、金を無尽蔵に使えば好きな男性のエース（売り上げにいちばん貢献する客）にはなれる。けれども、その男性がホストでいる限り、オンリーワンの存在にはなれない。その事実を受け入れられずに心のバランスを崩して、過ちへと突き進む女性が生まれてしまうのも不可避である。

ホストにハマった女性の凶行の矛先が向かうのは、ホストだけとは限らない。

２０１８年5月に起きた〝紀州のドン・ファン〟こと資産家の野崎幸助さん（当時77歳）が急性覚醒剤中毒により自宅で死亡した事件で、殺人の容疑で逮捕された元妻の須藤早貴（当時22歳）。かつて風俗で働いていた過去やアダルトビデオへの出演歴が週刊誌で暴かれたことで、世間の注目を浴びた須藤もまた、ホストクラブに通い豪遊していたとも報じられている。

２０２１年9月、パパ活相手の都内の会社幹部（当時37歳）から１３００万円相当

須藤早貴被告（本人出演作品より）

の高級腕時計を盗んだ疑いで、窃盗事件として逮捕された当時19歳の女子大生は、警察の調べに「ひいきのホストをナンバーワンにするための犯行だった」と供述している。

2016年には、タレントで医師の脇坂英理子（当時37歳）が、診療報酬の不正請求の容疑で逮捕された。実際には行っていない治療をしたように装ってレセプト（診療報酬明細書）を偽造。千葉県内と都内の8自治体から患者十四人分の診療報酬計約155万円をだまし取ったとして、懲役三年、執行猶予四年の判決が下された。

脇坂は、テレビ番組などでホストで散財していることを公言し、一晩に900万円もの大金を使ったというエピソードを披露している。

使った金額をアピールすることを目的として、飲まずに飾っておくだけの〝飾りボトル〟など、費やそうと思えば、いくらでも大金を費やすことのできるホストクラブのシステムが、女性たちを散財へと突き動かす。

「無理なく賄える範囲で遊ぶ」という選択肢もあるはずだが、それができなかった場合には、どうにかしてホストクラブ代を工面するしかない。若い女性が多額の稼ぎを得たいと思った場合に、手っ取り早いのが風俗・パパ活だが、それに飽き足らず、犯罪へと突き進んでいくこともあるのだ。

女性客側が、被害者となる事件も多々発生している。

２０１９年10月、歌舞伎町のホストクラブで、同居する交際相手の20代女性の顔を殴ったり蹴り上げるなどして重傷を負わせたとして、当時32歳のホストの男が逮捕された。女性は顔の骨を折るなどの重傷を負ったと報じられた。

２０２０年８月には、10代後半の知人女性を脅し、店での飲食代として多額の支払いを約束する念書を書かせたなどとして、恐喝の疑いで歌舞伎町の有名ホストクラブに所属する20代の男が逮捕されている。

有名女優の故・坂口良子の実娘で、元バラエティタレントの坂口杏里も、２０１９年３月、自らのInstagramで、歌舞伎町のホストクラブに遊びに行った際にホストから暴行を受けて右手薬指と小指を折る怪我を負わされたと告発している。

もっとも坂口の場合、それ以前の２０１７年４月、知人のホストに「ホテルで宿泊した際に撮影した写真をばらまく」とＬＩＮＥでメッセージを送り、ホスト男性から現金３万円を脅し取ろうとした疑いで警視庁に逮捕されたが不起訴となった過去もある。さらに、のちの２０１９年８月、今度は、元交際相手のホスト宅に侵入し、住居侵入罪容疑で逮捕されている（こちらも不起訴処分）。ＡＶ嬢に転身したり、六十分20万円という超高級風俗に勤務するなど、何かと話題に事欠かない坂口は、ホスト絡みのトラブルも頻繁だが、２０２２年の夏前には歌舞伎町のバーの店長を勤めるトランス男性と入籍したものの破局。現在はInstagramのインフルエンサーとして活動している。

２０２０年1月には「令和のキャッツ・アイ」と称された二名の女性が逮捕された。西川菜々（当時25歳）と長野芹菜（当時22歳）は、面識のある歌舞伎町のホスト男性のマンション内に侵入。現金や高級ブランドのアクセサリーなどを盗んで質屋で換金し、その金でホストクラブに通っていたという。

ホストクラブ通いが高じて、その行動パターンをよく見知っていたことが、ホストたちを強盗のターゲットとするに至った理由であったとしても、ホストから奪った金をホストに使うというのは、なかなかに衝撃的だ。が、推し以外に興味がない「単推し」という概念をベースにすれば、理解できないこともない。実際、ホストクラブに通う女性客たちは有名ではないホスト、売れていないホストのことを「モブホスト」と呼んでバカにする風潮がある。

ホストクラブに通う一部の女性たちの狂暴さを、否定することはできない。とくにターゲットが同じ女となると残虐性が増す傾向にある。

２０１９年2月、愛知県豊田市の山林に女性の遺体を遺棄したとして、死体遺棄容疑で30代の女二人が逮捕された。被害者の犬飼幸子さん（当時31歳）と、加害者にあたる門田典子（当時38歳）、石川一代（当時35歳）とは、一緒にホストクラブに通う遊び仲間だったという。

三人はマンションで同居生活を送っていたが、幸子さんは日常的に暴行を受けていたことを、複数の関係者が証言しているほか、検察によると石川と門田は、幸子さんを風俗店で働かせて収入を得ており、稼ぎが少ないと虐待を繰り返していたとも供述したという。

２０１９年10月、福岡県で起きた事件も極めて陰惨だ。

事件の発覚は、福岡県太宰府市の駐車場に停まっていた乗用車から、佐賀県基山町で夫と二人の子どもとともに暮らしていた主婦・高畑瑠美さん（当時36歳）の遺体が発見されたことだった。瑠美さんの死因は、太ももをナイフや割り箸で刺されたことによる外傷性ショック。犯行に及んだのは、山本美幸（当時42歳）と岸颯（当時25

歳）の両名で、傷害致死や監禁、恐喝などの罪で有罪となり、それぞれ懲役二十二年と十五年を福岡地裁で言い渡された。

瑠美さんは、家族の金銭トラブルをきっかけに山本、岸の両名と知り合った。山本と岸は巧妙な手口で瑠美さんを家族から引き離し、アパートでの同居を開始。瑠美さんは、日常的に木刀で殴られるなど、暴行を受けるようになり、次第にマインドコントロールされていった。２０１９年２月頃からは、山本は瑠美さんをホストクラブに連れていくようになり、そこでの支払いを立て替えることで瑠美さんの借金を増やしていったという。

事件前、瑠美さんの家族から十数回も相談を受けながら、佐賀県警鳥栖警察署が被害届を断ったとして世間からの非難を浴びたこともあり、この事件はメディアでも大きく報じられた。

ホストクラブでは現金が飛び交う。これは比喩ではなく実際に札束が行き交うということだ。その理由として、ひとつには、多くのホストクラブではカード払いをすると、手数料として会計の5～20パーセントが加算されてしまうことがある。多額を使った場合、手数料も応じてかさむため、現金で支払う客が圧倒的に多い。

また、風俗業は全額日払いの場合が多い。ゆえに風俗勤めの女性客は、稼いで貯めた現金をそのまま持ってホストクラブに行く。なので、ホストクラブに向かっている女性の財布の中には多額の現金が入っていることが多々ある。

２０２１年5月には、それを狙った強盗事件が発生した。

逮捕されたのは千葉県流山市に住む会社員の男性で、歌舞伎町の雑居ビル内のエレベーターの中で、当時20歳の女性に後ろから顔に紙袋をかぶせて視界を遮り、女性の財布や携帯を奪って逃走。警察の調べに対しては「ホストクラブに行く女性は、現金を持っているので狙った」と話したという。

また、２０２１年9月にも、歌舞伎町の雑居ビルの中で、20代の女性が男性に襲われる事件が発生している。被害にあった女性は現金17万円のほか、ブランドの腕時計やポーチなどを奪われたという。

色と金が集中するホストクラブ界隈で入り乱れる、人々の思惑と欲望。元ナンバーワンホストであり、歌舞伎町でホストクラブやバー、飲食店や美容室など十数軒を構えるスマップグループ会長の手塚マキ氏は著書『新宿・歌舞伎町　人はなぜ〈夜の街〉を求めるのか』（幻冬舎刊）の中で、歌舞伎町という繁華街の魅力をこう語っている。

気取っていたって損するだけだ。誰も見ていない。今日の欲望のままに流されることがこの街での遊びの流儀だ。上手にお金を使う必要なんてない。ただ流されるままに、使えるだけ使えばいい。誰もあなたを気にしていない。それが歌舞伎町だ。みんな自分のことで精いっぱいだ。

ホストクラブに通う、〝精いっぱい〟な女性たち。彼女らは、〝ホス狂い〟と呼ばれている。

生活費以外はすべてホストに注ぎ込む女

希美

Nozomi 37歳

今回、取材を進める中でひとつ気が付いたことは、一般的に思い浮かぶストーリーとは違い、ホストにハマって風俗で働き始める女性は意外と少なく、もともと風俗で働いていて、あるタイミングでホストにハマったというパターンのほうが多いということだ。

いくら初回が安く設定されているからといって、一般の女性がホストクラブに足を踏み入れるハードルはやはり高い。飲食代が高価なイメージや、ホストにハマって真っ逆さまに真っ当な人生から転落してしまうのではないかという恐れを抱き、「存在は知っていても、わざわざ進んでいく場所ではない」「魅力的ではあるけれども、少し怖い」と躊躇するのが多くの、普通の女性の考え方ではないだろうか。

ホストクラブやホスト自身に興味があって、自らそのホストのSNSをフォローしたり、DMを送ったりと、積極的に近づいていけば別だが、かつてのようにホストが道に立ってキャッチしているわけでもないので、そもそも偶然に一般の女性がホストと知り合う機会は、さほどないといってもいい。

ホストとの出会いを求めているわけではない女性が、たまたまホストと知り合う機会が唯一あるとすれば、「マッチングアプリで偶然マッチングした相手がホストだっ

希美。ホスクラの前に歌舞伎町の美容室で髪をセット

た」というパターンだ。

ホストと出会えると聞いて、実際にわたしもTinderに登録してマッチングを試してみたが、プロフィールにそのまま「ホストです、指名してください」と記してある男性もいれば、もう少しふんわりと「夜職」としていたり、所在地を新宿や歌舞伎町に設定し、ホストであることを暗に匂わせている男性もいる一方で、あからさまにホストに見えるルックスをしているが、とくに職業には触れていないプロフィールも散見された。

マッチングした男性とデートを重ね、場合によってはセックスまでして、すっかり恋愛している気持ちでいるところ、じつはホストだと告げられ、あるタイミングで「どうしても今日は客を呼ばなくてはいけない。お願いだから来てほしい」などと誘われる。頼まれては仕方ないと、なし崩し的に店に行くことになり、以後定期的に通うようになる……という営業方法は定番化していて、「育て」の一種とされている。女性を顧客に「育て」るための経費として、ホストクラブに初めて訪れる際の飲食代はホストが持つこともあり、そうなると、女性側に「行かない」という理由はまったく見当たらないことになるのだから、よくよく考え抜かれた営業方法だというしかない。

先ほど、一般の女性の多くはホストクラブに対してハードルの高さや恐れを感じていると述べたが、しかし、いざ目の前に「ホストクラブに行くか／行かないか」という選択肢を出されたら、少なくない数の女性は「せっかくだから、行ってみよう」という気持ちを持つのではないだろうか。日本の女性は、恋愛や異性のことに関しては積極性が低いとされているが、逆を言えば受け身に慣れていて「誘われれば受け入れる」タイプは多いし、それに何よりも、ホストクラブは女性にとって魅力的な場所でもある。

キラキラとしてゴージャスな空間で、男性アイドルのように見目麗しいイケメンたちが格別なおもてなしをしてくれるという煌びやかなイメージ。女友達たちに「すごい！ 羨ましい！ どんな場所だったか教えて！」と根掘り葉掘り聞かれるのも、優越感につながるだろう。だからとくに、自分の知らない世界を見てみたい、いろんな遊びを試してみたいという願望を持っている好奇心旺盛なタイプの女性であればあるほど、「せっかくの機会だから、ちょっと覗いてみよう」となるのではないだろうか。

手取りで20万円未満だけど、先月はホストクラブで16万円使いました

「ホス狂いの基準は、通ってる回数が多かったり、使う額が多い人を指すらしいですけど、わたしは少額しか使わないし、月に一、二回しか通っていないので、ホス狂いとはいえないようです。先月は16万、今月11万以上使ってるので、生活費以外は『全すっぱ！』ですけど……」

そう謙遜する希美（仮名・37歳）の職業は、都内の保育園に常勤で勤める保育士だ。保育士といえば激務なのに給料が安いと、よくメディアでも取り沙汰されているが、希美の給料も、手取りで20万円未満だという。

勤務先の寮に住んでいて光熱費込みの住居費は1万円と負担は少ないので、給料の八割～半分以上をホストクラブに注ぎ込むことができてはいるが、まさに『全すっぱ！』（ナンバーワンキャバ嬢を経て、歌舞伎町のホストクラブの経営に携わり、人気店へと導いた経歴を持つ実業家の木内敬子が作った造語で「気合いを入れてすべての力を出しきる」という意味）であり、身を削っているという意味で十分にホス狂い

といってもいいのではないかと思うのだが、どうして昼職の希美は、ホストクラブに通うことになったのか。

「わたしは東京育ちなんですが、新宿二丁目のゲイバーに高校3年生の頃から通ってたんです。港区の女子校だったのに、放課後、わざわざ新宿まで出て。高校卒業後は大学に進むのに一浪したんだけど、その予備校が西新宿だったので、やっぱり二丁目には、さぼってよく通ってて。昼の3時からやってるゲイバーがあって、チャージなしで一杯500円だったんですよ。だからその当時から新宿には馴染みがあったけど、歌舞伎町は近くて遠い場所って感じで。90~00年代のテレビでのホストの取り上げ方が、ブラックっていうか、売れてないホストは先輩に飲まされまくるとかの、あまりよろしくなかったのもあったし、ある程度稼いでないと、高くて行けないイメージもありましたよね」

高校生でゲイバーに出入りするなんて、なかなかに物おじせず、行動的な性格が透けて見えるが、そんな彼女が遊び場を二丁目のゲイバーからホストクラブに鞍替えしたのは Tinder で出会ったホストがキッカケだったという。

「今から四年くらい前だけど、マッチングアプリをよく使っていて。そのときにマッチングした人がホストだったんです。連絡先を交換することもなかったけど、アプリ内でのメッセージのやりとりはすごく丁寧で、わたしがホストに興味ないと伝えた上で『枕営業するのか？』とかの質問をしても、ちゃんと答えてくれるいい人でした。いつか彼が働いている姿を見たいと思いながらも、なんとなく二年温めてしまって、いざ行こうと思ったら辞めてしまっていて」

初めての初回は大阪旅行で

その頃、ちょうど興味のある展覧会が大阪の美術館で開催された。それを観るために大阪へと旅行した際、せっかくの機会であることと、旅の解放感も手伝って、そのホストが働いていた系列店の初回へと足を運んでみたという。

「楽しかったけど、不思議な世界だなって思って興味が湧いて。そのすぐあとに、腎盂炎を患って入院することになったんだけど、入院中って暇じゃないですか。だからホストクラブについて猛勉強を始めたんですよね。YouTubeを見たり、ホストのTwitterをチェックしたりなんですけども。ホストクラブ用語とか、初回の客はどう扱われるのかとか」

そこには、これまで知らなかった世界が広がっていた。知識を仕入れたことで、ますますホスクラへの興味が高まったところで、再びTinderでホストとマッチングし、歌舞伎町で食事をすることになったという。

「そのホストと居酒屋で一杯、飲んだところで、店においでよって誘われて。わたしが苦手なオラオラ系のマッチョな男性だったし、お金もないし……その頃には、ホスクラの初回って1000円とかで飲めるって知っていたから、わざわざその男性のお店に行くこともないので『嫌です』って断ったら、『来てくれないなら、自殺するかも』って。初めて会った人にそんなこと言われてびっくりして。断ったあとに、歌舞伎町をウロウロしていたところを外販に声掛けられて、まったく別の店の初回に行った。それが歌舞伎町のホスクラデビューです」

以来、歌舞伎町のホストクラブの初回に、たまに足を運ぶようになり、やがて担当もできた。

「最初の担当は、大学生の新人の子だったんですけども、宣材写真を見るとめちゃくちゃ顔が綺麗なんですよ。マスクしてててわからなかったけど。たぶんわたしが見たホストでいちばん綺麗だったんじゃないかな。でも、担当にした理由は、顔に惹かれたんじゃなくって、薬学部で薬剤師を目指してるっていうことで、生物学の話とかをしてくれるのがいいなっていうのと、わたしも身内に薬剤師がいるからそこも親近感があって。薬剤師さんって患者さんに親身になることが必要じゃないですか。そういうところを育てたいっていうお母さんみたいな気持ちもあって（笑い）。

でも、いざ担当にしたら全然ダメだったんです。だって、彼はわたしよりホスクラ用語や、ホストクラブのグループ編成を知らないんですよ。集客のためにSNSやったほうがいいよってアドバイスしたんだけど、実家暮らしだから、親にバレたらやばいとかって、なかなか始めようとしないし。ようやくSNSをやりはじめたっていうので、Twitter のアカウントを教えてもらったら、名前が違うんです。自分の顔写真も載せてるし、どこの店かわかる写真も載せてるのに、店の名前も、源氏名も載せてない。『この人、何がやりたいんだろう』って思って尋ねたら『友達も見るから』って。友達用と仕事用のアカウントは普通、分けますよね。なんだこいつって思っちゃって。『じゃあ、なんでホストになろうと思ったの?』って聞いたんですよ。そこで嘘でも『将来、薬剤師として自分の店を経営したくて、そのお金の足しになれば』とかいう答えが返ってきたら、応援しようかなってなれたかもしれないけど、『将来、薬剤師になったときのコミュニケーション力をつけたいから』だって。なら、ドラッグストアとかで働いたほうが、勉強になるだろって思って。もうやりとりするのもダルくなって『呆れた』って言ったら、『僕のことをまったく理解してないから、もう店に来なくていい』って言われて。それで一気に冷めちゃいました。わたし、ホストに色恋とか顔とかも興味がなくて。ヤる相手ならほかに探せばいいし。ただ、話してみたいなって思う人と話したいんです。時事問題とかの話もできるような人がいいなと」

「会いたいホストに会いに行く」という一本釣り方式に

37歳の希美にとって、20歳の大学生は考え方も行動も、あまりに幼な過ぎた。

が、希美には、翌々月に迎える自分の誕生日に、どうしても叶えたいことがあった。ホストクラブでシャンパンを入れ、コールをしてもらいたいと考えたのだ。

シャンパンを入れるに相応しい、新しい担当を早急に作る必要があったが、前の担当のようなことがあっては、お金や時間の無駄である。その反省を踏まえて希美は、闇雲に初回を回るのではなく「会いたいホストに会いに行く」という一本釣り方式に改めることにした。あらかじめSNSで話してみたいと思うホストを探し、DMでやりとりとしたあとに、初回を使って会いに行くという方法だ。

「IはYouTubeに出演しているのを観て、興味を持って。それで会いに行って初回で話したときに、ちゃんと会話ができる人って印象を受けたんです。LINEの文章も優しくて。だから翌月も指名して飲みに行きたかったんだけど、シャンパンのお金を貯めないといけないし、仕事も忙しくて行けなくって。だから二回目に行ったのは、わたしの誕生日。そこで初めてシャンパンをおろして、シャンコ（シャンパンコール）もしてもらったんです。当日までは誕生日だってことは言わないでおいて、マイクで『今日は誕生日なので、もしよかったら、Iさん閉店後の時間をください』って言って」

おろしたシャンパンは小計5万円。税込みで10万円。じつに希美の給料の半分以上だ。それに見合った価値はあったのだろうか。

「怖かったです(苦笑)。小計50万以上だとオールコールってキャスト全員が来てくれるんだけど、小計5万円なら来ても三、四人だと思ってたんですよ。けど、そのお店はキャストが多いのもあって、二、三十人来ちゃって。そんな大勢の男性に囲まれるって、怖いしかなくて(笑い)。それに四時間もお店にいたのに、Iは五分くらいしか卓に付いてくれなかった。わたしがマイクで頼んだとおり、アフターでバーには連れていってくれたけど……」

ホストクラブでは、どのテーブルにどれだけの時間、滞在するかは、ホスト自身の裁量に任されている。店側がどの席で接客するのかを采配するのではなく、ホスト自身がどの席につくのかを判断するのだ。女性客側はそれを知っているからこそ、担当が別のテーブルに行ったまま、なかなか自分の席に戻ってきてくれないことに疑心や不満を抱く。

むしろ席につかせるために、高いボトルを入れて否応なく呼び戻したり、もしくは反対に、物分かりのいいふり——深い絆で結ばれていると信じているわたしは待っているから、ほかのタダの客に愛想よくしてあげて。あなたの売り上げのために――といったスタンスで対峙する。しかし、前者は軍資金が必要だし、後者は自分を犠牲にすることになる。どちらにしても相応の痛みが必要だ。

希美は、そこから翌月、翌々月と、月に二～三回のペースで通ったものの、いつもIが席につくのは五分程度だった。

「わたし、頑張ってたと思うんですよ。だって手取りで20万も給料ないのに、10何万円使った月もあった。それに、副業で稼ごうと思って、ライブチャットも始めたんです」

ライブチャットとはウェブカメラを通じて、画面上に映し出された互いの姿を見ながら、会話を楽しむサービスだ。給与は分給で計算され、アダルトの場合は一分75円から100円ほどの稼ぎとなる。ノンアダルトの場合は当然下がる。希美の登録しているサイトはノンアダルトで一分50円だという。

「本当は、風俗に挑戦してみようとも思ったんです。わたしはどっちかというとSで、プライベートでも男性の前立腺をマッサージしたことがあったし、だから頑張って、週一とかからでも、やってみようかなと思って。でもM性感で働いている知り合いに、どれくらい稼げるのかって聞いたら、今は新型コロナのせいでリピートのお客たちも去っていって、その人自身も稼ぎが大変だと。デリヘルも即戦力になる子しか雇わない状態だから、すぐにはお客さんがつかないよって言われて。それだったら保育士の資格を活かして、ベビーシッターのバイトしたほうが稼げるかなって思って。常勤の保育士は辞めて、派遣で保育園に勤務して最低限の生活費を確保しつつ、ベビーシッターで稼ぐっていう働き方に変えようと決めました。子どもと関わりながら、ほかにも挑戦してみたいこともあるし。ホストクラブに通い始めたことが、仕事のやり方を考えるきっかけにもなったんです」

ホストクラブに通い始めたことで人生が変わってしまうことは、ひとつ確かにあるけれども、希美に限っていえば自分のしたい、自由な働き方に変える決心がついたという意味で、むしろポジティブな変化といってもいい。が、肝心の担当との関係のほうは、なかなか難航してもいた。

トイレに一人で行けないホストクラブのルール

「Ｉの誕生月に向けて70万くらい貯めて。それなのに誕生日の直前にケンカになっちゃって」

ケンカの理由は、店で飲んだ帰り際のことだった。会計を済ませてエレベーターホールまで送ってもらった際、突如Iが「会計が終わったら、すぐに帰るもんだろう。俺のことをおちょくってるのか！」と怒り出したという。希美がエレベーターの呼び出しボタンを押さずにいたことに腹を立てたらしいが、エレベーターボタンはホスト側が押すものだと思っていた希美からすると、晴天の霹靂だった。

「それで二度と来るなって言われちゃったから、もう二度とお店には行けないんだって思って、貯めてたお金をほとんど使っちゃったんです。ネットとかメルカリとかで欲しいものをちょこちょこ買ったら、あっという間になくなっちゃって（笑い）。なのに数日後に『この間は酷いことを言ってごめんね。楽しいところがあったら、連れていってあげるから』って店外してくれるようなことを匂わせてきて。彼のことまだ好きだったので『優しい、ありがとう』って返して、様子を見るためにクイックで行くことにしました。クイックだったら1万円で飲めるから。そうしたら、クイックの良さに目覚めちゃったんです。だって、数時間飲んでる中での五分よりも、一時間中の五分のほうが、一緒にいる時間が長く感じられるし」

結果よしとなったものの、それからほどなくして、希美はIから離れることになる。その理由は再びのIの理不尽な怒りの爆発だった。

「その日もクイックで入ったんですよ。で、飲んで。一時間経って出たあとに、別のホストクラブの初回に行ったんです。わたし、いちばん最初のマッチングアプリで出会ったホストに会えなかったことを、いまだに後悔しているから、YouTubeやSNSで見て会いたいと思ったホストには、初回を使って会いに行くことにしてて。けど、そのお店はあまり面白くなかったから、Iにまた会いたくなっちゃって。で、Iのお店に戻ったんです。クイックは一日一回しか使えないから、普通にフリーで入ってドリンクを頼んだら、全然出てこないんですよ。何度催促してもまったく来ない。Iが『俺が持ってくるわ』って言ってくれたから、そこで待っていればよかったんですけど、お店として把握してほしいっていうか、ほかのお客さんにもそういうことを繰り返してほしくないって思って、キャッシャーに行って『いくら待ってもオーダーしたお酒が出てきません』って報告していたら、Iが通りかかって。『フロアから出てきておまえ、何ぶらぶらしてるんだよ』って詰め寄られるかたちで、店の外に出されて。卓に荷物が置きっぱなしだから取りに戻ったんだけど、悲しくて涙が出てきちゃって。でも、以前ケンカしたときに『席で泣くな』って言われたことがあったから、バッグだけ持って、トイレに籠って泣いてたんです」

ホストクラブでは、女性客は店内を勝手に出歩けないルールがある。トイレに行くときでさえ、担当やヘルプに伝え、案内に従って向かわなくてはならない。客である女性をエスコートするサービスというのは建前であり、その実は客同士の余計なトラブルを避けるためでもある。

が、ルールといえども、あくまでも暗黙の了解であって、入ったときに説明されるわけではないし、用事があって、それが自分で解決できることならば自ら動くのは、わりと一般的な社会人の感覚だ。しかし、それはホストクラブでは通用しなかった。怒鳴りつけられたことに悲しくなった希美がトイレに籠って泣いていると、外側からドアの鍵を開けられ「もう会計の時間だから」とIがバッグを無理やりに持っていってしまったという。

泣き止んだあと、席に戻ると会計は済んでいた。

勝手に財布を開いたことを非難したが聞く耳も持ってくれずに、その日は帰らされてしまった。後日、LINEでどういうつもりだったか問いただしたところ、決別のメールが届いて〝切られた〟という。

「そこから悲しみに打ちひしがれて、一か月は泣いて暮らしてました。けど、いつまでもへこんでいられないしっていうんで、また初回に行ったりして。で、また次の担当ができたんです。全然好みじゃない人なんだけど……。シャンパンタワーをしてみたいっていう夢があるんですよ、目標として。最低でも150万円とかするけど、一年間頑張れば貯められるかなって。それまでに『この人との思い出として、おろしたい』って思える人が現れればいいなって」

昼職の女性がホス狂いに倣った遊び方をするのは、どうしても使えるお金に限りがあるので、単純に難しい。もちろんホスト自身の人柄によるけれども、仕事でホストをしている以上、やはり金を多く使う女性は、つなぎとめようという努力が向けられる。ゆえに金をあまり使えない昼職の女性の場合は、自らの収入内で使える精いっぱいの金銭を費やしても、満足できるレベルまではホストに構ってもらえないという状

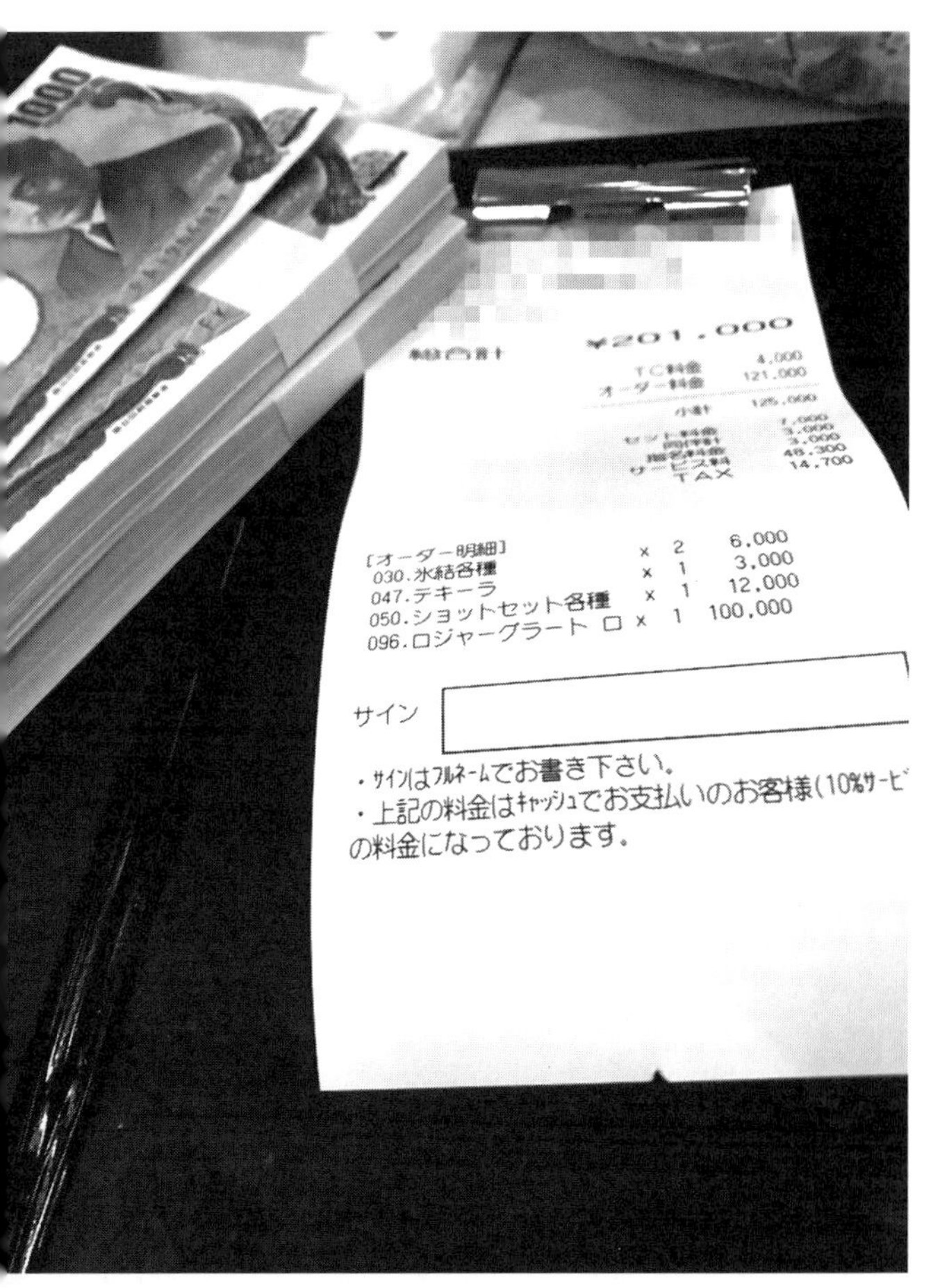

会計は20万円だが、雰囲気を出すために1000円の札束を持参した

況が生まれがちだ。ホストの好みに合致して「趣味」「趣味カノ」と呼ばれる存在になれれば万々歳だが、誰もがなれるわけでもない。ホス狂いたくてもホス狂えないという皮肉な現実。そんな、勝つのは〝無理ゲー〟といってもいい戦場にどうして参戦するのか。希美は言う。

「何か、これまでにしたことがない新しくて知らない遊びをしてみたくって、それがホストクラブ。だから、二年間はホストで遊ぶって決めています」

そういえばわたしの周囲のアラフォーの女たちも常に「夢中になれる趣味」を探している。旅行、グルメ、アイドルやバンドの追っかけ、ホテルステイ、同人誌作り、料理に園芸——そういった趣味の中でも、ホスト遊びは、格別に刺激的で楽しいものであることに間違いない。なぜならば、ホストクラブには、女性を夢中にさせるシステムが完璧にできあがっているからだ。

ホス狂いの憧れ「担当との結婚」を実現した女

美咲

Misaki 31歳

ホス狂いの女性たちに取材を重ねる中で、ひとつ気が付いたのは、みなどこかで結婚を意識していることだった。といっても彼女たちの多くが20代の若い女性である。結婚について関心を寄せていても、なんらおかしくない。

昨今は、晩婚の時代といわれている。

厚生労働省の「令和元年（2019）人口動態統計月報年計（概数）の概況」によると、令和元年の平均結婚年齢（初婚年齢）は、夫31・2歳、妻29・6歳となっている。夫は前年の31・1歳より上昇していて、妻も前年の29・4歳より上昇しているが、これは平均値の話だ。平均値は、晩婚化による40代以降の婚姻増加によって、高い数値に引っ張られる傾向にあるため、中央値をとれば男性28歳、女性27歳あたりになる。

女性側が27歳で結婚するとして、その相手の男性とはいくつのときに出会い、どれくらいの期間を経て結婚へと至るのか。リクルートの発行する結婚情報誌『ゼクシィ』が行っている「結婚トレンド調査（全国推計値）」の2021年版では、付き合い始めてから結婚するまでの期間は、二～三年未満が27・3％と最も多く、次いで一～二年未満23・2％、三～四年未満が15・2％となっている。

付き合い始めてから結婚するまでの期間の平均は三・三年間。
これらから推測するに、結婚を望む女性たちは、20代前半に出会った男性と結婚するパターンが多いということだ。ゆえに〝彼氏がホストをしている〟という女性たちであっても、結婚を意識するのは、当然でもある。
ここで、これまで取材してきた女性たちが「結婚」について言及した部分を抜き出して紹介したい。

有香　まだ22歳だし、就職はとりあえずしない。今は実家なんだけど、親からしたら「何してるの？」ってなるので引っ越しはしたい。都内だと高いし今の生活水準より下げられないから、バイトを掛け持ちして働かないと、生活もできないし、親から借りている学費も返せない。親もパパ活してるのは知ってるんです。ご飯食べて、洋服買ってもらってるくらいのことは話してます。たまにホストに行ってるくらいのことも、話してる。

――その先の将来のこととかって、考えている？

有香　何も考えずにお金を使ってるのもバカだなと思っていて、25歳をめどにちゃんと考えていかないとって。大学卒業のタイミングの、就職するべきところでどうなってるかを踏まえて、将来的に起業したいっていうのもあるから、好きなことだけして遊んでられるのって25歳が限界かなって。結婚して子どもも欲しいし。

――大学ではインターンをやったりして、しっかりしていますよね。

有香　そう言われるけど、何も考えてないから、こうやってただただお金を使ってるわけで。でも、パパ活してる男性って経営者が多いから、自分が起業するときにお金の面だけじゃなく力になってくれる人が多いだろうし。今のうちにいろんな話を聞いて吸収して、いろんなところに連れていってもらって、たくさんの知り合いにつなげてもらってると、自分が25歳になって起業するときに困らないだろうなとも思ってる。地味に経験を積んでる感じ。あと、担当は2つ上なので、私が25歳になったら27歳になる。結婚を考える年齢かなというのも考慮して、25歳なんです。

25歳という年齢は、20代の前半と後半を分ける節目の年だ。

かつてのバブル期には、女の年齢をクリスマスケーキに例えて「24歳（24日）までは売れ筋だけど、25歳（25日）を過ぎたら誰も買わないので、値下げされる」と言われていた。さすがに令和の今、「25歳で嫁き遅れ」という意識のある人は、いたとしても超少数派だと思うが、一方で30歳前後を表すアラサー（around thirty）という言葉はすっかり定着して、現在でも頻繁に使われている。

アラサーという言葉自体はただの数字を表したものではあるが（もちろん他人が「アラサーなのに痛い」などという使い方をすれば、それはエイジズム［年齢差別］となる）、同時期に提唱されたオバサー（over thirty）がすっかり廃れたのは、その言葉の響きがたまたま中年女性を指す「オバサン」と被ったこともあるはずだ。

何はともあれ、若い女が優位とする風潮については、エイジズムと呼ばれて昨今、ルッキズム（外見至上主義）とともに問題視されている。けれどもいくら「差別的である、撲滅されるべきだ」と謳われても、女性がそこからまったく自由になることは、なかなか難しいのが実情だし、若さと美しさを最大限に活かして稼ぐ性風俗従事者の女性たちにとっては、高い値段がつく早めのうちに売り切りたいと考えるのも、当然のことだ。

また別の、ホス狂いの女性の結婚観を紹介する。

結衣（担当が）いつか自分のお店を持ててプレイヤーを辞めれたら、おまえはゆっくりお金を返してくれればいいし、返し終わったら結婚しようなって言われてます。

――彼とは、お付き合いしてるんですか？

結衣　どうだろ……。一回もセックスしてない男に結婚しようって言われても、ウソにしか聞こえなくないですか？

――それはそうですね。

結衣　それでよくケンカしてしまいます。

――そもそも、なんでセックスをしてないんですか？

結衣　だって、そもそもこっちから頼みにくいじゃないですか（笑い）。いつか旅行しようって話になっても、いつも仕事が入ったとかで流されるし。いつも適当な言葉で濁されるので、こっちもそういう気持ちは起きなくなりました（笑い）。

　ホストと女性客は「支えてもらう／支える」という関係で結ばれている。これをアイドル用語に置き換えれば「推される／推す」に至極近いが、アイドルとホストの違いは、応援する側（推す側）へのフィードバックだ。

　基本的にアイドル側から応援する側に、個人的なフィードバックはない。ステージで活躍している姿を見せることだったり、チェキ会や握手会などのときに述べる感謝の言葉が、ファン側に与えられるすべてだ。

一方で、ホストと女性客の場合は、具体的なフィードバックがある。

もちろん、どれくらいの度合いでホストを「支える」かにもよるが、女性客側がある程度の金銭を費やすのであれば、店が終わってからのアフターに始まり、LINEで日常的な出来事を報告し合ったり、休日にはデートや旅行に出掛けることができる。どちらかの自宅で料理を作ってまったりするといった、いわゆる「おうちデート」もできるし、セックスが伴うことももちろんある。誕生日やクリスマス、バレンタインデーやホワイトデーといった行事も、まるで恋人同士のように執り行う。

ホストとの疑似恋愛は、店内だけで完結するのではなく、私生活も含まれる。

そういったフィードバックの最高峰に、「同棲」や「親への挨拶」、「結婚」が設定されることがある。そして、結婚願望がある女性にとっては、「結婚」をちらつかせられることは、ホストに注力するための強い動機付けになる。

稼いで、ホストを支えている女性客は「頑張っている」として評価される

「支えてもらう／支える」を、少し古式ゆかしい日本の男女関係に当てはめると、

「夢を追う男／それを支える女」になるだろうか。

最近ではめったに使われることもない「糟糠の妻」という言葉があるが、何者かになろうとする男性を支えることを、己の生きがい、歓びとする女性は確かに存在する。そういった女性たちが期待するフィードバックは「男性が成功した暁も、その隣にいること」であろう。もちろん対価を求めた時点で、献身とは言えないという考え方もあるが、それはあくまでも綺麗事で、女性が好きな男性に尽くすことができるのは、自らの幸せな未来を夢見てのことだ。

が、糟糠の妻たちと、ホス狂いの女性たちとの間には、大きな違いがふたつある。

ひとつは、ホス狂いの女性たちは、ホスト男性の夢を成功させる力を持っていることだ。その力は、具体的にいえば「稼ぐ力」だ。もちろん「稼ぐ力」があるといっても、簡単に稼げるわけではなく、相応の努力が必要とされる。ゆえに「大金を稼いで、ホストを支えている女性客」というのは、ホス狂いの女性たちの間でも「頑張っている」として評価される。努力は泥臭いものではなく尊いものであって、報われるべきという、意外にも（？）真っ当な価値観が、そこにはある。

ふたつめは「被り」という存在だ。

多くの場合、同一のホストを支えようとするほかの女性が存在し、常に両天秤を掛けられている状況になる。糟糠の妻であれば「わたしがいちばん、必要とされている」という気持ちを支えにして尽くすことができるが、被りがいる以上、なかなか「わたしがいちばん、必要とされている」とは信じにくい。実際、被りの話は聞きたくないというホス狂いの女性は多い。いくら気にしないようにはしていても、下手に情報を入れてしまうと、さらに気にかかってしまうからだという。

ＭＢＳ／ＴＢＳドラマイズム枠にて実写化もされた『明日、私は誰かのカノジョ』のホスト編のヒロイン、ゆあてゃの台詞にある「被りは伝票で殺すんだよ」のように、誰よりも金を使い「エース」という立場を取ることができれば、「わたしがいちばん、必要とされている」という根拠となり得るし、それはイコール「担当ホストのことを、いちばん思っている女性」として周囲から公認されることにもなる。

しかし、被りという目の前の敵を打ち負かし、ルールに従って、担当との結婚に最も近い地位を手に入れたとて、必ずしも担当と結婚できるわけではない。もしかすると担当には別に「本カノ」が存在したり、既婚者で妻子ある場合だってあるという。それでも、一縷の望みをかけてホス狂いの女性たちは、「頑張る」のだ。

男友達が一人もいなかったんです。ホストは、お店に行けば相手にしてくれる

多くのホス狂いの女性たちが憧れる「担当との結婚」だが、もちろんそれを、叶えた女性もいる。

「うちの夫は元ホストなんです。出会ったのはお店です」

都内で会社員として働いている美咲（仮名・31歳）は、黒地に花柄がプリントされたワンピースに包まれた、大きく膨らんだお腹を撫でながら言った。現在妊娠9か月。その元ホストの夫の子どもを身籠っているという。ちょうど先週、産休に入ったばかり。猫顔系の美人だ。

「夫との付き合いはもう十年くらいになります。もともとわたしは、ビジュアル系バンドの追っかけをしていたんですが、大学生のときにライブ友達に誘われて歌舞伎町の朝キャバでバイトを始めて。で、その友達がホストに通い始めたから、わたしも、という流れです。ホストクラブの初回ってめちゃくちゃ安いじゃないですか。当時は

無料とかもあったし」

キャバクラでのアルバイトは、時給がいいことと、友達と一緒に働けるということにメリットを感じ、在学中の二年間ほど続けたという。都内の実家住まいゆえ、その給料はすべて自由にできたので、ライブとホストをほどよく嗜みつつ、貯金に励んだ。社会人になって実家を出ることになれば、貯金するのは難しいと考えたからだ。

学生時代のアルバイト代を将来のために貯金するとは、なかなか堅実な性格だが、だからこそ、稼ぎをホストに使うことはもったいないとは思わなかったのだろうか。

「わたし、ホストの見た目が、好きで好きでたまらないんです。今のホストって、スニーカーにパーカーとか、カジュアルな服装をしているけど、わたしが通い始めた当時は、髪をきっちりセットして黒いスーツでキメていて、ビジュアル系とルックスがちょっと被ってた。ホストの中にもビジュアル系好きなホストがいるので、そういう人とは音楽の話も合う。イケメンと話せて、お酒飲んでハイになれて、こんなに楽しい場所があるんだって思ってました。わたしが通っていたのは女子大だったし、もともとコミュニケーションも上手じゃなくって友達も少なかったので、合コンとかにも縁がなかった。だから男友達が一人もいなかったんです。でもホストは、お店に行けば相手にしてくれた」

使った金額は最高で6万円。しかし、普段は最低料金の1万円で飲むようにしていた。だから毎回、ホストクラブに行っても一時間か二時間程度でさっと飲んで帰るのが常だった。それは同居していた両親がごく普通の人たちであったことと、『できるうちに貯金しないと、将来大変なことになる』という強い意識があったゆえに、理性が働いたせいだ。が、本当に好きな担当ができて、店に行かないと会えないという状況に陥れば、もしかして貯金を使っていたかもしれない、とも思うという。

「ハマれるホストを延々と探し続けていたけど、でも、みんな友営の人ばっかりで、色恋とかって感じじゃなかったし、ガチで好きなホストができたこともない。だから、わきまえられたけど、一歩、間違ったらホス狂いになってたかもしれないとは思っています。あと、幸か不幸か、わたしが指名するホストってすぐにお店を辞めちゃうんです。夫と出会ったのは20歳の頃なんですけど、一目見ていいなって思って。で、次に指名しようと思ってお店に行ったらもう辞めてた。連絡先は交換していたので、普通に遊ぶようになって、すぐに付き合うことになりました。で、四、五年経って一緒に住み始めて、子どもを授かったことをきっかけに今年ようやく入籍した感じです」

一目惚れしたホストがタイミングよく店を辞めたことで、プライベートで会う関係にスライドし、さらに結婚に至るとは、まさに運が味方したとでもいうような怒涛の展開だ。

手に入っちゃうと、また次を探してってなっちゃうんです

美咲は、一目惚れしたホスト改め、恋人に昇格した男性には秘密裏に、ホストクラブにも通い続けていた。とくに頻繁に通っていたのは、新卒で就職した22歳から23歳の頃だ。仕事のストレスがあったのと、実家住まいを続けていたため、ある程度使えるお金があったからだという。

「たまに男の人と飲みたいなってときがあるじゃないですか。そういうときとか、あとホストから『来てほしい』とかって連絡があると、やっぱり行きたくなっちゃいますよね。新卒で入った会社は結局、一年くらいで辞めてしまって、しばらくニートをしていたときも結構行ってました。貯金と時間があったので。そのときは、ホスラ

ブ（夜職のお店やキャストについての掲示板サイト）で知り合った女の子と待ち合わせして、ホストクラブに一緒に行くっていうこともしてました。誰かと一緒にホストクラブに行きたいなっていう気持ちがあったのと、どういう子が来るのかなって好奇心があって。掲示板を通じて十人前後の女の子と会ったけど、ホストに通ってる子って、本当に面白い子が多い。ノリもよくて。すごく美人で親が金持ちで、定職には就かずにふらふらしてる、そんな人が本当にいるんだって思いましたね、本当かどうかわからないけど……。

会ったうちの三人くらいは、いわゆるホス狂いでした。その子たちはやっぱりメンヘラぎみで、夜の仕事しかできない。ちょっとヤバい薬をやってたり、障害者手帳を持ってたり。掛けを払えなくて親に借りたりしてる子もいました。ホストにどっぷりいってる子は、ワガママというか、自己主張が強い子ばっかりで、しょっちゅう揉め事を起こしているイメージです」

ホストクラブに通っている美咲からしても、ホス狂いの女性はやはり少し特殊に見えたという。が、一方で、元ホストと付き合っているというのに、わざわざホストクラブに足を運ぶ美咲の気持ちもよくわからない。率直に尋ねると、美咲は少し考え込んだあとに言った。

「手に入っちゃうと、また次を探してってなっちゃうんですよ。ゲームみたいな感じです。ホストに恋するゲーム。気を持たせるようなことを言ったりとかするのが、楽しい。彼氏にはもちろん秘密だから、ホストクラブに行くときは『今日は飲み会だから』って説明していたけど、バレたことはないです。知り合いでホストクラブに通っていた子たちも、だいたいみんなそう。彼氏ができてもホストクラブには通ってる」

女性がホストクラブに行くことは浮気か否かというと、人によって見解が分かれそうだが、おそらく一般的には「行ってほしくない」という男性のほうが多いのではないだろうか。もっとも世の中にはホストクラブどころか、男性のいる飲み会はもちろん、女性だけの会であっても嫌な顔をするような嫉妬深い男性も存在するし、逆に女性でも、束縛するタイプはいる。程度の差はあれ、恋人独占権を主張するパートナーと、自分のしたいことがバッティングした場合は、「諦める」「説得して納得させる」「黙って行う」の三つの方法がある。美咲の知る女性らは、いちばん最後の手段に出るのが主らしい。

が、恋人がいても、ホストクラブ通いはやめないという美咲が途中、きっぱりとホストクラブに足を向けない時期もあった。

「学校のサークルとか、好きなバンドのライブに通うことにハマっていたときは、ホストクラブには足を運んでなかったですね。人と飲んだり話したりできる場所があるときは、あんまり行ってなかったことになるかな。ビジュアル系の追っかけでも、『蜜』って言って、貢ぐ子なんかも多いけど、それをしていたわけでもない」

ホストクラブは、居場所にもなる。これまで取材してきた女性たちも「仕事帰りに寄ると、顔を知っているヘルプたちが歓迎してくれる」「水商売同士しかできない会話ができる」などと言っていた。いわゆるサードプレイス（ファーストプレイスの家庭でも、セカンドプレイスの職場でもない、第三の居心地のよい場所）としての役割がホストクラブにはある。逆説的に、ほかにサードプレイスがあれば、ホストクラブは無用となるのかもしれない。

ホストクラブやビジュアル系の追っかけをしながらも、身の丈以上の散財はしない主義である美咲だが、一度だけシャンパンを入れたことがあるという。最高金額の6万円を使った夜のことだ。

「シャンパン入れたのは、そのときの担当がわりと好きだったのと、一度くらいは大金を使ってみたいと思って。やっぱりお金使うの楽しいなって思いました。相手が喜んでくれるし、ぱーっと使った解放感もある。でも、大金を使えば使うほど、執着してつらくなるし、見返りを求めてワガママになっちゃう気がして。逆にお金を使わないかぎりは、そこまで執着せずに済む。ワガママみたいにはなりたくなかった。それがわたしの美学だったから、そこまでホストにハマらなかったのかも」

話をしながら幾度も「一歩間違っていたら、わたしもホス狂いになっていたかもしれない」「もしかして貯金を全部、使っていたかもしれない」と繰り返しているのが印象的だった美咲は、取材の最後にこう言った。

「妊娠していなかったら、今もホストクラブに通っていたかもしれない」

Ｉｆについて話しても仕方ないけれど、もしものちに美咲の夫となる男性が、ホストを辞めないという決断を取ったならば、美咲の運命もまた、変わっていたかもしれない……いや、どうだろうか。美咲はそこから一歩踏み出せば、ホス狂いになるというギリギリの際を歩きながらも、決して踏み出そうとはしなかった。それがすべてではないだろうか。

ホストクラブの代表に「洗脳」された女

千尋

Chihiro 30歳

「現代ビジネス」（講談社）２０２２年12月19日配信
（原題『「きっかけは雨宿り」「オーナーがカルト系」…ホストで人生が狂った30歳女性の「残酷な現実」』）

２０２２年、9月某日。都内屈指の繁華街にある、チェーンのカラオケ店の前に千尋（仮名、30歳、都内の高級ソープランドに在籍）が訪れた瞬間、曇り空の下、くすんでいた周囲の風景までもが鮮やかになったような錯覚を受けた。グラマラスなスタイルが一目瞭然のタイトなシルエットのニットワンピース。マスクをしているので全貌はわからないが、美麗な目元。艶やかな髪といい、綺麗に手入れされたネイルといい、細部までしっかりと手を掛けてある。言い方は悪いが「相当に稼げそうな女性」という印象を受けた。それも当然、千尋は、一か月前に出勤シフトを公開すると、即、予約で埋まる「予約完売嬢」と呼ばれる人気風俗嬢なのだ。

「それまでも友達とかと、ホストクラブに行ったことは何度かあったし、担当とも呼べないような、ホストクラブに行きたい時にだけ、行くような指名の人もいたりはしたんだけど、高額を使ったり、毎日、指名の本数を付けに行ったのは、同棲していた彼が初めてでしたね」

千尋がD（37歳）と出会ったのは、いまから5年前のこと。新宿歌舞伎町のホストクラブだった。当時千尋が在籍していたデリバリーヘルスの同僚とともに、新宿にショッピングに行った際、途中、雨に降られてしまった。どこで雨宿りをしようかと悩んでいると、外販と呼ばれる、ホストクラブのキャッチを専門としている男性が「ホストの初回で雨宿りしない？」と話しかけてきた。髪の毛を濡らしたくないという同僚の意向もあり、外販に連れていかれるがまま、足を踏み入れたホストクラブで最後に席についたのが、その店の代表を務めるDだった。

「その日はDを送り指名にして、連絡先を交換したんですけど、すごく連絡をこまめにくれたんですよ。わたしはその当時から、お店で働いている名前でSNSをやっていたんだけど、それでわたしのことを知っていたみたいで。向こうからしたら『いいカモが来た』って思ったんじゃないですかね」

ホストにとって送り指名をもらうことは、本指名につながるチャンスを得たことになる。Dは千尋からもらったチャンスを逃さなかった。

「二度目にお店に足を運んだのは、軽いノリでした。お店のHPに載せるプロフィール写真の撮影が新宿であったんです。Dからは、その日も連絡が来ていたので『お店にいるなら、行ってもいいかな』って思って足を運んで、初指名しました。頼まれてシャンパンも入れて、その日は15万円くらい支払ったと思います」

軽いノリでの初指名にしては、なかなか太っ腹な遊び方だが、初回から15万円もの大金を使ったのはどうしてなのか。

「見栄とプライドっていうか……わたし、もともと断らないというか、服を買う時とかも『これ似合いますよ』って言われると『じゃあ、それも』みたいなタイプなんです。その日も手持ちが15万円くらいあったんで、そのまま払って、みたいな感じ。そこから、『今日も来て欲しい』『また明日も来て欲しい』って、毎日営業が来るようになったんです」

誘われるがまま、千尋は店へと通うようになった。営業時間が終わった後はDに連れられて、アフターで食事や飲みに行き、朝の9時頃まで一緒に過ごし、自宅に戻って夕方まで寝てデリヘルへと出勤。仕事が終わったらホストクラブへと足を運ぶという生活が、あっという間に定着したという。

「それでもデリヘルって稼働する時間帯が夜ってこともあって、お店に行けない日もあって、最初は月に50万円くらいしか使っていなかったんですよ。けど、半年くらい経った時に、Dのお店が潰れちゃったんです。その時に『一緒に移籍先を選んで欲しい』って言われて何店舗か一緒に回りました。結局、Dが『ここで働きたい』って言ったのは、某有名グループの中でも、店舗売り上げ年間トップを獲るようなすごいお店で。わたしみたいに月に50万しか使わない客は、相手にされないようなお店。でも『一緒に頑張って欲しい。一緒に住んで、一緒に頑張ろう』って言われて、それで向こうの家に転がり込むことになったんです」

そのタイミングで、千尋はデリヘルからソープランドへと業種替えをした。稼ぎを増やす目的もあったが、深夜は営業していないソープランド勤務であれば、店が終わった後に、30分でもDの働く店に行って、指名本数を増やせると考えたからだ。使う金額もあっという間に毎月300、400万円と膨らむことになった。

そこまでするほどにDのことが好きだったのかと尋ねると、千尋は首を傾げていった。

「うーん……いや、なんか……Dが移転した店の、当時の代表がちょっとカルト宗教っぽい人で。担当の幸せを願えない人、一生懸命応援できない人は価値がない、みたいな考えを植え付けられたんですよね。洗脳っていうか、お金を稼がない日は生きている価値がないって言われ続けて。わたしも、最初は『Dのことは好きだし、遊び』みたいに通っていたのに、そのうちにお店に通うのが仕事というか、『担当のために生きてるし、毎日、最低でも15万円はかき集めないと、生きている価値がない』みたいなマインドに切り替わってしまって。代表に『Dと一緒に住んでるわけでしょ。みんながその位置になりたいんだから、もっと頑張らないと意味がないよ』とか『本気で応援しないと意味ないよ。ホストクラブって楽しむ場所じゃないからね』とまで言われて」

千尋がより強く〈応援できる〉ようにと、指導までもがあったという。

「『いま、どこのお店で働いてるの?』と聞かれたので在籍のお店を答えたら『そこよりも君はこっちのほうが合う。いまアベレージが10万円だったら、絶対に15万円に持っていけるから、移籍したほうがいい』って。当時のわたしはもう、洗脳みたいなマインドに入ってるんで、その人の言うことをすべて信じてたんですよ。だから移籍しました」

もともとS着というコンドームを着けて接客する店舗の在籍だった千尋だが、NS店といわれるコンドームを使用しない店舗に移籍したところ、客の幅が広がったとともに、既存の顧客たちの満足度もあがる結果となり、代表の見立て通りに売り上げのアベレージが15万円に達することになった。もちろん増えた分の収入は、ほぼすべてホストクラブに捧げることになる。

「生活費以外は全部ホストです。毎日、その日の稼ぎを持ってホストクラブに行って、支払った残りは自宅にある貯金用のポーチに貯めて。それは、月末の締め日やイベントの日に、タワーをしたり、高級ボトルを入れるのに、使うんです」

他者への強い影響力を持つカリスマ経営者の導きで、在籍するホストたちは女性客たちをホス狂いへと仕立て上げるように努め、「楽しく飲んでいた」はずの女性客たちはいつの間にかホス狂いという型にはまってしまう……ホストクラブとカルト宗教とは、非常に近しい仕組みがあることは間違いない。が、この図式でいえば、むしろホストたちも信者の立場でホストクラブというカルト宗教に組み込まれてるといえる。なぜならば、在籍するホストたちが増えれば増えるほど、そして各々の売り上げが上がれば上がるほどに利益が増すからだ。そんな世界のなかで、狂信者ともいえる状況にあった千尋は、Dの誕生月に1200万円を使うことを決意する。Dを店の№.1へと押し上げたいと考えたからだ。しかし、すでに千尋は生活費以外の稼ぎはすべてDが在籍するホストクラブに費やしていた。なのに、無理を承知でさらに上乗せをしようと考えたのは、どうしてなのか。

「Dってわたしにとってはアイドルみたいな存在だったんですよ。同棲しているわけだから、家でも会えるんだけど、そうじゃなくて、お店にいる彼が好きだったんです。むしろ、家にいるとジジイって思ったし（笑い）。それに同棲をしているっていっても、お店が終わった後に一緒に帰りはするけど、仕事で疲れているので『早く寝て明日に備えないと』って、あまり話もしないで寝る感じ。わたし、もともと性欲があまりなくて。枕がないと嫌だっていう女の子もいるかもですが、わたしは、そういうのはなくてもよくって」

「枕ホスト」という言葉があるように、女性客と肉体関係を結ぶことで、気を引こうと考えたり、繋ぎとめようとするホストは存在するし、逆にホストとのセックスを希望する女性客も当然いる。が、これまで取材してきた中にも千尋のように、「担当にセックスは求めていない」「しなくていい」という女性はいた。それはセックスにすがらずとも、ふたりの間は、もっと強い絆で結ばれているという自信に裏付けされているからに思える。セックスよりも強い絆というのは〈高額を注ぎ込む／高額を注ぎ込まれる〉という特殊な絆だが、誰もがその絆を結べるわけではないからこそ、その絆は特別なものとなる。

Dをホストとしてより輝かせたいと考えた千尋は、誕生月までの残り二ヶ月で、1200万円貯めることを決意する。前記のように千尋は、在籍するソープランドの出勤シフトを公開すると、即予約完売になるほどの売れっ子風俗嬢ではあるが、それだけではこれまでと同じ稼ぎしか得ることが出来ない。1200万円を稼ぐには、さらに別の手段を探らなくてはならなかった。

「在籍のソープに加えて、地方に出稼ぎにいったり、あとは案件っていうのがあるんです。主にＳＮＳで募集がかかるんですが、背が何センチ以上とか、胸の大きさがどれくらいとかの応募の条件があって。で、写真を送って選ばれたら、４Ｐとか、そういう仕事が受けられる。わたしは裏引きだけは苦手で、できないんですけど、それ以外の手段を使って、とにかく必死に稼いで貯めたんです。その間は、Ｄの店には一日も行かずに」

そうして千尋は、目標どおりに１２００万円を稼ぐことに成功し、それをすべてＤの誕生月に突っ込んだ。ところがその月、Ｄの売り上げは一位に届かなかった。別のホストに１８００万円使った女性客がいたのだ。

「頂き女子をしている客でした。必死に１２００万円かき集めて、絶対に担当にナンバーワンを取らせることが出来るって思っていたのに、一撃で１８００万円使われて、負けたんです。彼女も稼ぐのに必死だとは思うけれども、自分の身体で稼ぐのと頂きとはわけが違う。悔しさもあったし、惨めさもあって卓で泣いていたら、ヘルプの子たちが入れ替わり立ち替わりきて『仕方ないよ』って慰めてくれたけど、担当を誕生月っていう大事な時に一位にもさせられないし、自分の力では1200万円しか集められないし、わたしって、生きてる価値ないなって思いました」

「裏引きはしない」という気概のある千尋だからこそ、「おぢから大金を引けた」という理由だけで、頂き女子に高額を使われて負けたことは、痛手だった。

「その時に限界を感じたんですよね。Dと同棲を始めることになった26歳の時、『本気で将来のことを考えているから、支えて欲しい』って言われたんですよ。世間では26歳はまだ若いけど、風俗の中では若くはない。『じゃあ、あと一年がんばるから』『もう一年だけがんばるから』ってずるずる続いていたのが、もう来年には30歳になる。それを考えたら、ちょっともう無理だなって考えて、同棲していた家を出ました。一応は引き留められはしたけれど、しょうがないって感じで行かせてくれましたね」

20代の4年間、他にはない濃密な時間をともに過ごした千尋とDだが、それから一年経ったいま、どういう関係なのだろうか。

「ＳＮＳやＬＩＮＥではまだ繋がっていて、わたしは家を離れた時からずっと好きです。ずっと変わらない。Ｄは『絶対に迎えに行くから』って言ってくれていて、それに期待はしていないし、迎えに来られたからって、どうしようって感じですけど。でも、そういうことをいまだに言ってもらえるくらい、彼にとって忘れられない客のひとりであれたことが、すごくよかったなって。彼の初めてのブランデーや、小計１００万円以上のシャンパンタワーを入れた時のコール。３００万円以上かかるもっと豪華なハーデスコールとか、そういうのは、全部わたしが初めてやってあげたので」

30歳になった千尋の現在の一日の稼ぎは、以前よりもマイペースに働いているにも関わらず、アベレージで20万円だという。Ｄと出会う前の稼ぎは、一日10万円ほど。若さが価値に直結する風俗業界の中で、収入アップを成し遂げているのは凄いとしかいいようがない。再びホストクラブに通う予定はないし、歌舞伎町には滅多に足を運ぶこともなくなった。いまの目標は、２０００万円を貯めて風俗業界から離れることだという。

担当との別れ際にボコボコにされた女

美波

Minami 32歳

「現代ビジネス」(講談社)2023年3月1日配信
(原題『パパ活・キャバクラ・ソープ「彼との時間のためならなんでもする」…32歳女性が堕ちた「ホス狂い」の現実』)

　ホストにハマって性風俗で働き始めることを、〈堕ちる〉という言葉で表現されることはよくある。身体を売ることは、一般社会から滑り堕ちること。それが世間に多くまかり通っている通念だ。いくら性風俗で働く当事者たちが「セックスワーク is ワーク」と自らの権利を主張しても、性搾取を覆い隠す詭弁であるという反論が必ず起きる。セックスワークの是非はさておいて、美波（32歳、仮名、人材派遣会社代表）もホストにハマって「堕ちた」ひとりだ。

「名古屋の出身で、専門学校に通うのに18歳で上京したんです。片親だったこともあって、バイトをして生活費を稼がないといけなくて。派遣のキャバクラで働き始めたんですけど、たまたま知り合ったスカウトの人に誘われて、あやしい芸能事務所に所属することになりました」

　美波は、一見して、いいところの美人妻といった雰囲気の女性だ。手入れの行き届いた髪と肌に、上品なハイネックのニットとロング丈のプリーツスカート。すらりと均等が取れたプロポーションをしていて、子どもに有名私立小学校を受験させる母親たちの制服のようになっている、紺色お受験スーツを素敵に着こなせそうだ。そんなハイソな雰囲気の女性の口からキャバクラだのスカウトだのという言葉が放たれるのは、なかなかの破壊力がある。

「で、グラビアの営業に使う宣材写真を撮るために行ったスタジオで、同じく宣材写真を撮りに来ていたAV嬢の女の子と一緒になって、仲良くなったんです。彼女は当時、AVではかなり売れていて、金銭感覚もまったく違う。一回の撮影とか、裏引きで簡単に100万円くらいは稼げる子」

美波とそのAV嬢の女性とは意気投合し、あっという間に互いの家を行き来する関係にまでなった。が、その彼女がホス狂いだった。彼女に連れられてホストクラブに出入りするうちに、美波は、そのうちにとあるホストと付き合うようになる。あまり売れていない寮暮らしのホストで、美波は気が向けば店に行くこともあったが、彼のほうから高いボトルを入れるように煽られたり、イベント日などに来て欲しいと頼まれることはなかった。

「普通の彼氏だったと思うんですよね。結局一年半くらいでお別れをして、そこからも何人かのホストと付き合ったけど、いつもそういう感じ。自分が使いたいと思うくらいは使うし、付き合いとか、会いたいと思ってお店に行ったりもするけど、お金を使わされたってことはなくて。だから、いい意味でホストに対しての抵抗がなかったんです」

上手な遊び方をしていた美波だったが、とあるホストクラブの代表を務めるNとの出会いが人生を変えることとなる。

「その頃、知り合いで水商売や性風俗のスカウトをやってる男の人と親しくしていたんです。当時わたしは派遣のキャバクラでバイトしていたんだけど、『デリヘルとかで働きたい知り合いがいたら紹介して』とかいわれていて。ちょうど風俗をやってる知り合いがいたので軽く紹介したら、仲介料をもらったんですよ。それで、キャバクラの接客以外で稼げるんだっていうことに気付いた。わたしって接客以外でもお金を得られるんだって。以後は派遣先のキャバクラで、さりげなく知り合いを作ってはスカウトに流して、ってことを始めました」

相互利益で繋がったスカウト男性への信頼は、美波の中で日々大きくなっていった。そんなある日、スカウト男性に、古い知り合いの働いているというホストクラブに誘われて付き合うことになった。そこで席に着いたのがNだった。

「その日、Nは『俺は金目当てじゃない。ちゃんとお金持ってるぞ』って感じで、シャンパンを2、3本空けてくれて『これは俺の会計で』ってしてくれたんです。過去の人でそういう派手にしてくれる人はいなかったし、そもそもわたし自身、それまでどこか心をセーブしていたんですよね。いくらいいなって思っても、ホストに心を持って行かれたらまずいなって。こっちが大金を払う関係は違うぞって。けど、Nは知り合いの繋がりっていう理由がすごく気が楽で、とんとん拍子で付き合うようになったんです」

その日から美波は、Nとほぼ毎日、一緒に過ごすようになった。最初は互いの家を行き来していたが、程なくしてNのマンションで同棲がスタートする。

「仕事以外はずっと一緒にいてくれる人で。ちょうど彼が独立するっていうんで、半年くらい仕事を休んでいたこともあって、お店にも行ってなかったから普通の彼氏って感じしかなくて。それを『育て』だっていう人もいるけれど、関係はすごく自然だったし、愛が育まれて、依存していったんです。セックスもしてましたし」

ホストクラブ用語の「育て」とは、より大金を使ってくれるようにホストが時間を掛けて客を育成することだ。しかし、美波はNの愛を確信していた。それは、Nを長年指名し続けている、エースの女性との扱いが、明らかに違ったからだ。

「その女性は6年か7年くらいNのエースで。毎日毎日、風俗の仕事が終わったら、その日の稼ぎをNの口座に振り込むんです。会うとか会わないとかお店に来るとか来ないとか関係なく、ただただ彼にお金を振り込む生活をしていて。次元を超えてる感じがしますよね。大衆店に365日、鬼出勤して、地方にも出稼ぎに出掛けて。その人に比べたら、ずっと一緒にいてもらえるわたしは、明らかに愛をもらってるって」

やがてNとの同棲にも慣れてきた美波は、キャバクラを辞めることを決めた。Nと少しでも長い時間、一緒にいたいと考えたからだ。代わりに件のスカウト男性の手引きでパパ活を始めることになった。
「パパ活っていってもスカウトの男性から『ちょっと稼げる仕事あるよ。おじさんとご飯食べない？』みたいな。わたしもキャバクラで働いたり、彼と一緒にいるうちに、すっかり夜職の脳になっていたんです。お金を稼ぐのに、やり甲斐とかはまったく関係なくって、いかにして楽に幾ら稼ぐかっていう考え方です」

こうしてキャバクラ嬢からパパ活女子へと転身した美波は、さらに夜の街の深くへと潜っていくこととなる。

「わたしはもともとお金に対してそれほど興味がなくって。だってお金って信用できないじゃないですか。いつでもなくなるって思うし、どっか冷めてる。なのに、なぜかわりと稼げてしまうんですよ。ある意味で天性なのわからないけれども、キャバクラでも、営業中ただ座って接客して稼ぐのではなく、『俺の女になれ』って上客がちょこちょこ現れて、毎月、わたしに投資してくれるっていう。いわゆる裏引きですね。キャバクラってヤレない世界じゃないですか。でもお客さんはヤレないからこそヤリたい。だからそこに対してお金を出してくる。20、30万円はポンって出してくれるんですよ。キャバクラで売り上げを立てるのは面倒くさかったし、潤った生活をしたいっていう時に、稼ぐ手立てにはこだわりがなかった。本当に夜職の脳だったなって今は思うんですけど」

美波の働いていたキャバクラは派遣で、キャストが足りない店に派遣されるシステムだったので、上客は後から後からいくらでも湧いて出てきた。が、きっぱりと見切りをつけてパパ活に切り替えたのは、美波は金を介したセックスから出来るだけ感情を切り離したかったからだった。

「わたしとしたいっていう人の、お金を使った時のセックスほど気持ち悪いものってないんですよ。スカウトに『幾らの仕事があるから、やる?』とか『会う気ない?お金持ちだよ』って仲介された人とするセックスのが楽。それで銀座の交際クラブに登録したりもして、月に100万円くらいは稼いでました」

そもそも美波がキャバクラでの裏引きやパパ活で稼ぐ生活を選んだのは、ホストクラブの代表を務めるNと、出来るだけ長い時間、一緒に過ごしたいと考えたからだった。

「彼とゆっくりする時間を多く作るために、効率よく稼ぎたかった。けど、体を売っているからこそ、好きな人とのセックスにも依存しちゃう。『彼がいないと』っていう気持ちでした。だってお母さんだって知らないわたしのことを、唯一知ってくれている人だし。彼のほうも、わたしが一番だっていう行動をとってくれて、一緒に住んでいたし、クリスマスも年越しも一緒」

一緒だったのは家計もだった。同じ家に住んでいて、結婚も視野に入れている関係であれば、家計を分ける必要もない。美波はそう考えたのだ。

「けど、だんだんとパパ活で暮らすことに不安が芽生えてきたんです。だって、パパ活って月に幾ら稼げるかの算段が出来ないんですよ。『わたしの人生ヤバくない?』ってなって、スカウトの人に頼んで、吉原に面接に行ったんです。そうしたら、いわゆる高級店っていわれるお店に合格したんです。麻痺っていうか、もう風俗で働くことへの違和感はなくなってました」

美波の稼ぎは1日4人相手して20万円。週に1度か2度の出勤で生活するのに充分に満足できる額が稼げることが、ゆるく働きたいという美波の性質にあった。さらには、高級店ゆえに客たちはみな紳士で、著名人の相手をすることも珍しくはなかった。

「ソープで働いて思ったのは『楽！』ってことです。パパ活って決まりがないじゃないですか。ホテルに入って、シャワーを浴びるとか浴びないとか、わりと彼氏やセフレと過ごすみたいなのと同じ流れというか。けどソープって講習もあるし、やることが決められてる。それにキャバクラっていう、ヤレない場所にくるヤリたい人たちは、すごく気持ち悪かったけど、ソープはヤる場所だからかな。ヤラないお客さんがたくさんいたんです。近くのお寿司屋さんにいって、さらにタクシー代を5万円くれたりとかで、ヤラない時間を与えてくれる。そういう客質の高さがあったから、続けられたんです」

あっという間に高給取りのソープ嬢となった美波だが、その稼ぎは、Nの勤めるホストクラブに費やしたわけではない。稼ぎのすべてを家計に入れていたからだ。

「家計は彼が管理してる感じだったので。彼の店にも行くけどほそぼそとしか飲みませんでした。だってわたしには、彼と毎日、一緒に住んで、一緒に出勤して一緒に帰る、愛されてるっていう余裕があったから。けど、ある時に、ふと彼のエースのことを思ったんです。一生彼に好きになってもらえなくても、一生彼にお金を運び続けて離れない覚悟って、究極的じゃないですか。そこまでする女性はNから離れることは、きっとない。彼女の存在も込みで、わたしはNとずっと一緒にいられるのか。それはちょっと無理なんじゃないかなって」

もうひとつ、美波がNから離れようと考えたきっかけがあった。Nが自分の母親について、極端に語りたがらないことに不信感を覚えたのだ。

「離れないでずっとこのまま一緒に生きていくのかなって状態だからこそ、わたしは親に挨拶して欲しいし、相手の親のことも知りたかったんです。それって素直な気持ちじゃないですか。彼はわたしのお母さんには会ってくれたんです。けど、今度はわたしがってなった時に、自分の母親には会わせたくないって態度で。その時に冷めちゃったんです。お母さんを大切にするっていう感情がないなって」

別離を決意した美波だが、しかし、それは容易ではなかった。

「自分から別れを告げるのは無理だったし、彼もわたしから離れてくれなかった。だから、わたしのことを嫌いになって欲しくって、家でも暴れて、彼の頭に水をぶっかけたりとかして。でも彼はまったく動じなくて。だから、こうなったらわたしがＤＶされるくらいのことを彼にやるしかないって思って、従業員の前で彼を殴ったんです」

最初は諫（いさ）めてきたＮだったが、美波には確固たる目標があった。一発でも殴り返されることだ。

「周囲には彼の部下もいるから、彼は絶対にわたしのことを殴るのは嫌なんです。だってわたしは一応、彼女なわけで。それを従業員は少なからず知っている中で、わたしが暴れているのは、彼がまったくわたしのことを管理できてないってことになるじゃないですか。だから、わたしのことは絶対に殴りたくない。それでも、めちゃくちゃに殴り続けていたら、ようやく殴り返してきて。結局ボコボコにされてタクシーに突っ込まれました。わたしはそのまま彼と同棲していたマンションに戻って、予め用意してあった自分の荷物をピックアップして、女友達の家に逃げ込んで、そこから彼のもとへは二度と戻らなかったです」

キャバクラの裏引きやパパ活、そしてソープで稼いだ金は、すべて彼に預けていたので、美波はその時点で一文無しに等しかった。けれども、美波には資本があった。高級ソープで1日20万円稼げる、自分の身体だ。

すっかり生活を立て直したいま、美波はスカウトに女性を紹介した経験を活かして、人材派遣業をやっている。結婚して5年、ふたりの子どもにも恵まれて、優しい夫と幸せな生活を送ってもいる。自らのスキルと経験を活かせる仕事と、あたたかな家庭。ここが風俗に「堕ちた」美波のたどり着いた場所だ。

「まわりの同級生とかと比べたら、いろんな経験をしてきたと思うけど、いまは幸せです」

三十年間ホストクラブに通い続ける女

加奈子

Kanako 48歳

ホス狂いと呼ばれる女性たちの声を聞き思ったのは、ホス狂いというものは、青春のひとつのかたちというのがしっくりくるのではないかということだ。

なぜならば、ほとんどの若いホス狂いの女性たちは、いつかホストクラブ通いを卒業し、次のステージに行く未来を予想しているからだ。

そのタイミングが、担当がホストをあがるときなのか、担当の本カノにのし上がったときなのか、はたまた「もうホストクラブはいいや」と見切りを付けるときなのかは不確定だけれども、いつか終わりが来るということを予感しながら、刹那の今、笑ったり泣いたり怒ったりするのは、青春という言葉で表すのにふさわしく思える。

卒業を果たしたものの、「一度ホス狂いはあがったけど、出戻ってきてしまった」というパターンも珍しくはないのが、ホストクラブの求心力（もしくは依存性）の強さでもあるが、人生においてホス狂いという青春の時期を過ごすことは、いったい何を得て何を失うことになるのだろうか

初めてホストクラブに足を踏み入れたのは、三十年前、１９９２年のこと

「よく言われるけど、嘘じゃないかっていうロクでもない経験をしてます。ホストさえ行ってなければ、身体を売る仕事はしてなかったので、究極の堕落ですよね。性産業に身を投じることによって、ＳＭとか、そういう知らなくていいものまで知ってしまった。ホストと関わらなければ、結婚して主婦になって、子どももいただろうなって思います」

スマホの向こう側から聞こえてきたのは、ずいぶんとハスキーな声だった。現在、闘病中だという加奈子（仮名・48歳）の取材は電話で行うことになった。

加奈子を紹介してくれたのは、以前からの友人でもある作家の神田つばき氏で、若い頃からホストクラブに通っていて、現在はホストと同棲中の知人の女性がいるという話だった。

卒業することなく、三十年もの間、ホストクラブに通い続けている女性であれば、得たものも失ったものも大きく、さらに自分の人生を俯瞰で見て語ってくれるのでは

ないか。そう期待して取材に臨んだ。

　加奈子が初めてホストクラブに足を踏み入れたのは、１９９２年のことだ。歌舞伎町のキャバクラでアルバイトをしていた18歳の頃に、店に客として遊びに来たホストに誘われ某老舗のホストクラブに足を運んだのだが、まったく面白くなくて、以後、通うことはなかった。

　ところがその数年後、大手企業の会社員になっていた加奈子は、友人に連れられて再びホストクラブに足を踏み入れる。そこで楽しさに目覚めたという。

「18歳でホストクラブに行ったときは、ブランデーが主流だったので、お酒の美味しさがわからなかったし、ホストもジジイばっかりだしって感じだったんだけど、二度目に行ったときは、わたしも20代半ばに差し掛かっていたので、働いているホストたちも同年代で話しやすいなって。焼酎のボトルもあるようになっていたので、飲みたいお酒も飲めて楽しい。ちょうど、２０００年問題があった頃で、仕事の残業も多くて、ストレスを発散する場所がなかったこともあって、通い出したんです」

90年代後半は日本列島総不況と言われていたが、国税庁の「民間給与実態統計調査」によると、1997年の平均給与は467万3000円。2020年の平均給与433万1000円に比べると34万2000円も高い（※ただし、平均算出には正規と非正規、役員などの値も含まれている）。また働き方改革によって長時間労働の是正が推進される前でもあった。とにかく仕事が忙しくて残業も多く、稼ぎはそこそこあり、けれどもそれを使う時間がなかった加奈子には、ある程度の貯金があった。

平日は帰りが遅かったが、当時、ホストクラブは深夜営業をしていたことも加奈子には都合よかったし、新しい洋服やブランドものを身に着けていくと、褒めてもらえることがホストクラブ通いに拍車をかけた。

「自宅から近かった池袋のホストクラブに通うようになったんですけど、そこで沼って、女同士の闘いに参戦するようになってしまって。当時、ジンロのボトルが1万円くらいだったんだけど、見せボトルとして4、5万円くらいのヘネシーやコルドンブルーを入れたり、カミュブックやヴァイキングシップは15万くらいだったけど、それを色違いで揃えたり。テーブルをふたつ使って並べて。池袋ってホストも客もレベルが低いので、被りに対して『ここまで金使えるのか、ブス』って、顕示するいやらしい遊びをしていたんです。けれども、あるとき、わたしが指名していた子がお店のお金を使い込んで飛んじゃった。支払ったはずのお金も、全部売り掛けにされていて」

〝沼る〟とは底なし沼にハマるように、何かにのめり込んだり没頭することを示すスラングだが、加奈子の沼った担当は、あまりいいホストではなかったらしい。客が支払ったお金を従業員が横領したということが発覚したならば、それは雇っている側の管理責任になるはずなので、店側の対応には疑問が残るが、とにかく店に入金されていなかったこれまでの飲食代を加奈子が背負うことになり、仕方なく会社を辞めて性風俗の世界に入ったという。

「驚いたのは、性産業って安いってことです。就職する以前、キャバクラでバイトしていた頃は、枕をすると何十万ももらえたけど、ソープって高級店といっても6万とかで『そんなに安いの!?』って。AVではちょこっと売れたので、風俗も兼業しつつ、年間1億くらい稼いだけど、2千万円くらいは借金が残りましたね」

性風俗業全般、誰しもが必ず稼げるわけでもなく、稼げる女性もいれば、まったく稼げない女性も存在する。AVの場合、その差はとくに大きい。

ノンフィクションライターの中村淳彦氏は『AVビジネスの衝撃』（小学館刊）で、こう述べている。

芸能人ではないAV女優の出演料は15万円（企画B）〜300万円（単体特A）が動いている。前述した通り、すべてプロダクションに支払われて、女優に支払われる金額はそれぞれだ。
もっとも企画Bの女優が1絡みのみだとギャラは半分の7・5万円になってしまう。たまに誰かが話している〝AVに出演して3万円〟という状況は本当であり、企画Bの女優が1絡みで出演してプロダクションと折半すれば3万7500円である。1疑似（フェラ、オナニー、他挿入なしの行為）のみという撮影もたくさんあり、この域になると風俗や売春のほうが1日の単価が高いなんてことになる。

AVはもとより、風俗でも「稼げる女性」であった加奈子は借金を返済しつつ、河岸を歌舞伎町に変えてホストクラブ通いを続けた。
「変にお金を落とした場所だと、しょぼく飲めないっていうんで、池袋から歌舞伎町に移って。歌舞伎町は池袋とは、まったく違いましたね。90年代後半から00年代初頭は香咲真也さんや流星さんたちが第一線にいた頃。真也さんが月間1億の売り上げをあげたことが話題になっていたし、流星さんのお店の前にリボンを巻いたベンツが停まっているのを見たことがあります」

折しも歌舞伎町は、第一次ホストブームに沸いていた。それまでは、昼の世界とは分断されていたホスト業界だったが、テレビのバラエティー番組に歌舞伎町の有名ホストらが次々と出演を果たしたことでホスト全体が注目を浴びたのだ。

ノンフィクション作家の石井光太氏は著書『夢幻の街　歌舞伎町ホストクラブの50年』（KADOKAWA刊）の中でこう述べている。

メディアにホストクラブが取り上げられ、各店の№1がカリスマホストと称されて持ち上げられると、お茶の間でそれを見た女性たちが堰を切ったかのように歌舞伎町に押し掛けてきた。放送の翌日には、店の前に女性客による長蛇の列ができるようなこともザラだった。真也（補足：香咲真也）をはじめとした各店のエースホストたちは、勢いに乗って歌舞伎町の売り上げ記録を連発していった。

ホストブームが起きたことで、地方のショーパブやサパークラブで働いていたホストたちも集まってきた。メディアで目にするきらびやかな世界に憧れを抱いて、自分も波に乗りたいと野心を抱いたのだ。

歌舞伎町に降り立った加奈子は、その狂乱の最中に身を投じていった。

「また歌舞伎町のホストに沼ったんだけど、お金を使って遊ぶことを覚えちゃうと、もう、貧乏くさくは飲めないですよ。何もいわないで10万円くらいなら安い。バーでも2、3万円くらいはかかるって考えると、10万円は適正価格だと思います。わたしにとってのホストクラブの魅力は、お金を落とす快楽と、お金の力で無理やり、相手に言うことを聞かせることなんです。オジサンがよく『女性は落とすまでが楽しい』っていうけど、それと同じ。いきなり枕とか、ヤってナンボってなるとつまらない」

お金の威力は、対ホストだけではなく被りにも通用する。

加奈子と同じホストを指名するライバルの「被り」たちは、風俗嬢以外だと、キャバクラに勤めている女性が多かった。00年代のその頃、キャバ嬢は憧れの職業とされていて「女子高生のなりたい職業ランキング」の上位にランキングしたと、テレビで取り沙汰されていた時代だ。

「風俗嬢よりもキャバ嬢が稼いでいた時代で。彼女たちには容姿では適わないし、頭の回転も速くて『負けた』と思うこともあった。だからこそ、お金でねじ伏せるんです」

とはいっても、無い袖は振れない。なので週に三回、AVの撮影をして、その早朝からソープで働き、仮眠を二〜三時間とって、夜はM性感、夜中はデリヘルで働いた。ほとんど寝ない生活を送りながら、それでも合間を縫ってホストクラブへと滑り込んで散財する日々。それだけ働くことができたのは、遊ぶためのお金を作る、という強い情熱が勤労意欲を激しく高めてくれたからだという。

売り専のキャストを売れっ子ホストに仕立て上げた

店に呼ばれることはない、いわゆる本カノになったこともあれば、ホストクラブに行く予定のない日に、ヘルプが家の前まで迎えに来ていたこともあった。担当とケンカして殴り合ったこともあるし、こっそりとほかの女性が入れたリシャールを、ホストとともにリサイクルショップに売りさばきに行ったこともあった。当時、歌舞伎町にあったホストクラブのほぼ全店に、一度は足を運んだという。

ところが、歌舞伎町での日々に、終わりはあっさりと訪れた。

あるとき、新宿二丁目の売り専で働く男性キャストと遊ぶことに目覚めた加奈子は、歌舞伎町から明治通りを渡った向こう側の二丁目に、飲みの河岸を変えることとなったのだ。

「売り専で若くて犬みたいでかわいい0って子に出会って。同時期に女性用風俗も通ってみて、そっちも悪くなかったし、働こうかなって労働意欲も湧きそうになったんだけど、女に身体を売る男のために売春するのかってバカバカしくなって、売り専のほうに傾きました。売り専の男の子は、一晩買っても10万くらい。男の人だと一時間6000円でAFとかできるけど。女性客に性的なサービスをすると、売春になってしまうので禁止されていて。だからわたしは飲み連れっていうんですけど、0を指名して一緒に飲みに行ってましたね」

売り専は男性同性愛者向けの風俗店だが（女性が利用できる店もある）、ホストで稼げなかった若者も多く在籍している。

「そういう子たちは、顔はいいけど頭はバカが多い。歌舞伎町でホストで稼げなかった子が流れてくるわけだから。『客と話をしなくて楽、男に身体を売ろうが、顔を見なきゃいい』っていうような、とんでもなく自堕落な人も多くて。Oは、元ホストではなく、借金のカタに売られてきたんだけど、もう借金は返し終えていて。『ノンケだから、あがりたい（店を辞めたい）』『貸し切りにしてほしい』って毎日のように電話がかかってきて。仕方ないから通って、最終的に水揚げ（夜職を辞めてもらうこと。代わりに生活の全てを引き受ける）してあげて一年くらい家で飼っていたら、さすがに暇を持て余し始めたのか『ホストをやりたい』って相談してきたんです」

売り専からせっかく水揚げをしたというのに、ホストクラブに放流を頼まれるとはなんとも因果だが、加奈子は律儀にも、ホストクラブの代表を務めている、長年の付き合いのホストに相談を持ち掛けた。その伝手でOはホストクラブで働くことになったが、加奈子には確信があった。

「長く遊んでると、ホストとして売れるか売れないかってわかるんです。うーん。あくまでも勘ですけど、その場しのぎの嫌なお金の使わせ方をしないお利口な子は売れる。Oも見立て通り、ホストを始めて数か月で、あっという間に月間2千万円の売り上げを叩き出して、ホスト情報誌の巻頭も飾りました。もちろん売れるまでは、わたしも金を落としましたけど……月１００万円くらいかな。もともと知ってるお店だから面白くなかったし、シャンパンくらいなんでもないって意識でこられてることが多くって、『金ドブ（金をドブに捨てる行為）だわ』なんて思いながら」

加奈子の力添えもあって、瞬く間に売れっ子ホストへと成長したOだったが、加奈子の心境は複雑だ。

「売り専のときは、毎晩、男を相手にセックスして、2万稼げるかって商売だったのに、ホストになって売れたもんで、Oは舞い上がってしまった。ポルシェ買ったり、全身ブランドで固めたりってなって。どんどん遠くにいってしまった。わたしも傲慢なところがあって、『その位置にいけたのは、わたしの仕業だよ』って思ってもいるし」

綺麗な遊び、綺麗な飲み方がしたいっていう矜持がある

コロナ禍の直前、Oに6千万円ほど使った女性がいたという。そのお金は親や祖父母から盗んだものだという。

「金を使いたいってだけで飲みもしないリシャールを入れたりして、6千万円も費やして。その見返りにOと交換日記をしたがって『夢はOのお嫁さんになること』と

か。お金さえ払えば一緒にいられる、払えば払うだけ一緒にいられるっていう、今のホストクラブの飲み方は、綺麗な飲み方だとはわたしは思わない。昔はオンオフがはっきりしていたと思います。ホストのオフの状態を知らないからこそ、オンのときには、金でモノをいわせてた。今はSNSでオフの状況も知れるので、近くに感じちゃってるのかもですね」

かつては繁華街の中でほぼ完結していた関係が、プライベートまで浸食するような付き合いになっていることに、加奈子は違和感を覚えているようだ。

「ホストクラブの客の質も変わりましたよね。今のホス狂いは知性がないなって思います。アフターを求めるのも『この乞食め』って思うし、初回荒らしの女性客でたった数千円しか使ってないのに『セックスしてくれない』とか、なんなんですかね。ホストとセックスだけして、後日もう店に来ることもなく、いわゆるヤリ逃げする女の子もいる。それってもう、オジサンと一緒ですよね（笑い）。あとはホストクラブの酒の値段の上がり方も異常。わたしが行き始めた頃は、ドンペリの白が4万円、ピンクが8万円、ゴールド20万円でした。今はゴールドなら50万円、白でも10万円はする。カクヤスだと1万円しなかったけど、希少性が上がってしまって今は高い。ドンペリが高騰したのは日本のホストとキャバクラのせいだと思うんですけど」

一方でホストクラブの持つ、抗いがたい魅力をわかってもいる。加奈子は言う。

「例えば女性用風俗のキャストだとしたら、裏で小遣いあげるだけになっちゃって夢がない。ホストは、あきらかに性を売ってないから、お金を落とせる。他人の前でお金を切る楽しさもあるし、スタッフや内勤たちに、常連扱いされる気持ちよさもある。わたしはずっと、綺麗な遊び、綺麗な飲み方がしたいっていう矜持を持って、綺麗に遊んできたので、どこに行っても歓迎されるんです」


ホス狂いから売り専ボーイをヒモにし、さらに彼を売れっ子ホストへと育てあげた加奈子。いまだ夜の街から卒業することなく、その真っ只中にいる彼女が、これまでの長い期間に得たものと失ったものについて考えると、あまりにどちらも多い。

あえてひとつずつ挙げるとすれば、前者は、気に入った男性を売れっ子ホストへと仕立てあげるような「権力（パワー）」であり、後者は「普通の人生」ではないだろうか。

ホスクラの楽しさとは何なのか？

初回潜入ルポ Part 2

左……お店でホストたちにもらった名刺の数々

２０２２年4月末、わたしは以前、取材した希美（仮名・37歳）と、ホストクラブには初めて足を踏み入れるという女友達との三人で、歌舞伎町のホストクラブにいた。希美の担当が勤めるホストクラブ『A』に、いわゆる「枝」として連れてきてもらったのだ。

その日の『A』は、所属するホストの生誕祭が行われるとかで、希美いわく、「もしかすると、シャンパンタワーが催されるかもしれない」ということだった。店によるがシャンパンタワーをするには、最低でも１００万円以上はかかる。「やってみよう」と気軽にできる値段ではないが、最近では、シャンパンタワーを組む専門の職人が存在して、女性客の好きなキャラクターなどをアレンジしたオーダーメイドのタワーを組むこともあるという。もはや文化ともなった「ホストクラブのシャンパンタワー」を、一度くらいは自分の目で見てみたいという気持ちもあった。

見ず知らずの他人の財布に期待するのは、あまり上品な行為とはいえないけれども、一応は九十分３０００円という、初回分の料金を払って入店するのだから許容範囲だろう。Iと決別したあとの希美がどうしているのか知りたかったこともあって、「新しい担当の店に一緒に行きません？」という、希美の誘いを受けたのだった。

『A』はビジュアル系のホストが多く在籍しているのが特徴で、希美の担当であるRもまた、長く伸ばした髪と爪を派手な色で染め、顔面にはばっちりと濃ゆいメイクが施されていた。フリルがふんだんにあしらわれたブラウスに細身のパンツ。歌舞伎町の路上で見かけたら、これから出勤するホストではなく、ライブハウスに向かっている最中のバンドマンと見間違いそうだ。世の中にはいろんなタイプのホストがいるものだと、今さらながらに感心した。

「色っぽいですね」

ミステリアスな雰囲気が満ち満ちたルックスに幾分か怖気づきつつも、素直に思ったことを告げる。妖艶な笑みを浮かべて無言で頷くRを見ながら、ふとこれまで考えたこともなかった思いつきが脳裏に浮かんだ。

日常では話すことはもちろん、出会うことすらないタイプの男性と、たった3000円の初回料金で話して飲めるというのは、結構面白いことではないか、と。

じつは、希美にホストクラブに連れてきてもらったのは、初めてではなく、二度目だ。

一度目は十か月ほど前で、その時分の希美の担当はIだった。

当時、希美から「Iはいつも、五分くらいしか卓についてくれない」という話とともに、「ちゃんと向き合ってくれない」という愚痴をたびたび聞いていた。なので、よほどしょっぱい態度を取るホストなのかと想像していたのだが、実際に会ったIはにこやかだった。

いわゆる「姫」と「担当」という関係の二人を目にするのは初めてだったが、二人の間に漂う親密な雰囲気は、恋人同士が発するものと近しく感じられた。希美からは、Iとは肉体関係はないと聞いている。けれども明らかに懇意にしている男女の雰囲気があり、できたばかりの彼氏を女友達に紹介されているような錯覚を覚えた。

初回で入ったわたしの前には、次から次へと新しいホストが訪れては、名刺を置いて去っていったが、希美の席には、もともと懇意の仲だというOというホストがヘルプとしてついていて、Iが席を外している間は、希美はOに、Iとの今の状況について相談を持ち掛け、Oは真剣な面持ちで希美の話を聞いていた。

しばしばIの店へと通っている希美には、O以外にも顔見知りのホストが何人もいて、エントランスから卓に案内される間や、トイレに立った際に、「久しぶり！　ねぇちょっとこれ見て、見て。買っちゃったんだけど」などと、身に着けているアクセサリーを見せびらかしたりして、いちいち気安く盛り上がっている。取材した女性たちの数人が「担当以外のお店の子が、慕ってくれるのも楽しい」「居場所っていう感じ。行けば歓迎してもらえる」というようなことを言っていたが、その場を目の当たりにし、「なるほど、こういうことか」と納得した。

Ｉと希美とはにこやかに飲んでいたが、一度だけ場の雰囲気が悪くなった瞬間があった。気を利かせたのか、それとも売り上げをあげようとしたのかは不明だが、Ｉが希美の許可を取ることなく、缶物と呼ばれる缶チューハイを勝手に追加オーダーしたのだ。

「何、これ？」

運ばれてきた缶チューハイを見て、希美が憮然とした声を上げた。

黙っているＩに「頼んでないいんだけど。前にも勝手に頼まないでって言ったよね。別に何も頼まないってわけじゃなくて、わたしはわたしで飲みたいお酒があるんだけど」とたたみかける。Ｉはポーカーフェイスを保ったまま「じゃあ、返すよ」とオーダーをキャンセルしようと試みる。すると希美は、大きく溜息をついて「もう、いいよ。返さなくていい」とテーブルの上に置くように指示した。

その後、Ｉが席を立った隙に、希美はわたしにこう、耳打ちをした。

「缶チューハイって、コンビニで買えばふたつで５００円もしないけど、ホスクラで頼むとタックス込みで５０００円近くなる。その差額が、ホストがＬＩＮＥや電話をしてくれる料金っていうわけです」


それからさほど期間を置かずして、Ｉとは決別したと希美から連絡があった。それを機にホスト遊びに見切りを付けるわけではなく、それまではサブ担という位置に置いていた『Ａ』という店のＲを本担に繰り上げることにするという。Ｉとは違い、ＲはほどよくＬＩＮＥを返してくれるし、そのやり取りも過不足がないところがいいという。ただ問題は、一緒にいてもさほど楽しくないし、Ｉに比べると、さほど好きというわけでもないことだという……。


『Ａ』の初回を予定していた日、待ち合わせ直前に希美から連絡が入った。

「今回はシャンパンタワーはないみたいです」

それは仕方ない。丁寧な連絡をくれた希美に感謝しつつ、待ち合わせの場所で合流する。

普段、歌舞伎町にはあまり来ることがないという友人は、初のホストクラブということもあって明らかに高揚していた。

「すごいドキドキしてるし、もしもハマったらどうしよう……大変なことになっちゃうんですよ⁉」

と、ホストクラブの初回を訪れる際に、誰もが思うであろう不安を口にしている。が、その一方ではこうも思う。「ハマったらどうしよう」と思うような女性は、ストッパーがかかっている状態だ。ホス狂いはそもそも、「ハマってみたい」とか「ハマったらウケる」とか、「ハマってみるのもいいかも」「ハマるのも仕方ない」といったストッパーを開放する気のある女性が、なるべくしてなるのではないか、と。

『A』はホストクラブが多く入った雑居ビルの中にあった。免許証を見せて入店し、顔見知りのホストたちに軽い挨拶と短い世間話を交わす希美の後について、案内されたテーブルに着席した。

さすがイベントデーらしく、店内はあちこち風船でデコられていた。腰を下ろすと同時に、男メニューのタブレットが手渡される。

開いてみると事前に説明を受けていたとおり、かなりビジュアル系に寄ったホストが多い。赤黒い口紅を塗っていたり、ノースリーブのトップスからトライバルのタトゥーの入った腕が覗いていたりと、個性的といえば個性的だが、みな似通っているといえば似通ってもいる。

「誰でもいいんだけど……」

と希美にヘルプを出す。

「わたしは、初回では役職についていて、ナンバーが上位の人を写真指名するようにしています。指名しないと初回では席についてくれなさそうな人を」

なるほど、さすが研究熱心なだけあって、理に適った選び方だ。が、ナンバーが上のほうの人を見てみたが、いまいちピンとこないし、ついつい好みのタイプを探してしまう。が、好みのタイプのホスト自体が見つからない。

顔を優先するか、ホストとしての実力を優先するか。

しかし、顔を優先したところで、「この人！」という人はいないし、かといっていくら人気があるといっても、あまり興味が持てない人を指名するのも気が引ける。自分のファーストプライオリティを決めかねたわたしは結局、選ぶことを放棄して希美に権利を譲ることにした。

希美は、話してみたかったホストが何人かいたらしくすぐに指名が決まり、それを内勤に告げる。

二人のホストが現れて、わたしと友人の席の前に腰を下ろすのとほぼ同じタイミングでRが現れた。艶やかな物腰の男性だった。

ほどなくして靴の形をしたボトルが運ばれてきた。シンデレラのガラスの靴をモチーフにした『シンデレラシュー』という味付きのウォッカで、飾りボトルとして人気のあるもののひとつだ。値段は小計4万円。サービス料を入れると6万円だという。以前行ったIの店では、飾りはおろしていなかった。希美はひとつひとつ、ホスト遊びでやりたいことを実現しているらしい。感心しながら、ホストが作った薄い焼酎の水割りを口に運ぶ。


三人で訪れたものの、女同士で話す時間はほとんどなかった。

なぜならば、わたしと友人の前にはひっきりなしに新しいホストが現れては、ものの十分も経たないうちに去っていくからだ。その短い時間の間にホストたちは、各々の個性を存分にアピールしていくのだから、まさにめまぐるしいの一言だ。

いきなり壁ドンの体勢で語りかけてくるオラオラ系、薄顔に金髪のK-POPアーティスト系、息の合った掛け合いを見せる二人組、カードゲームのような工夫した名刺を出してくるホスト、首にスカーフを巻いたものすごくオシャレな人……男メニューではみんな同じように見えたが、実際に対面すると個性が豊かで多様性に富んでいる。

友人は「姫」と呼ばれて大興奮していた。思わず、「えっ！　羨ましい！」と言ったら、目の前のホストもまた、わたしに向かって「姫ぇ！」と呼んでくれる。「こんなオバサンたちに姫だなんて……」とつい卑屈な言葉を漏らすと「年齢は関係なく、姫です！」と自分の子どもでもおかしくない年齢のイケメンがニコリと笑って言った。「そんなこと、言ってくれるの〜⁉」とわたしと友人は再び嬌声を上げる。

案外楽しいと思ったのは、ホス狂いの取材を重ねる中で「ストッパーを開放」しなくては楽しめないことに気がついたからだろうか。

わたしたちは、ただただ思うことを、笑ってしゃべっていればいい。そうすれば、隣に控えている若くて見た目も麗しい男性たちが、否定もなくマウンティングしてくることもなく、ただただ頷いて話を聞いてくれる。酒がなくなればすぐさま作ってくれて、ボトルや割物がなくなれば気を利かせて補充してくれる。ホストクラブは夢の国。確かにそれは、間違いではない。

やがて後半、ようやく酔いが回ってきた頃になって、やたらとかわいらしい顔をしたホストがわたしの席についた。20代前半だろうか、髪の毛がボブくらいの長さであることも手伝って美少年というよりも美少女という風情だ。聞けば北欧系の血が入っているという。

あまり人懐こいタイプではなく言葉は少ないが、妙に礼儀正しかった。そこに好感を持って、わたしは彼を送り指名することにした。

翌日、送り指名したホストから、さっそくＬＩＮＥが届いていた。

昨日の送り指名したことへのお礼が、硬すぎるほどの敬語で書かれた丁重なメッセージだった。「著書、探して読んでみます。執筆を頑張ってください」で結ばれていたことに好感を持って、一度だけＬＩＮＥをくれたお礼を返した。

以後もたまに丁寧な文体で書かれた営業ＬＩＮＥが届くけれど、既読はするものの、返信はしない……のだが、非常にハートの強い性質らしく、「お忙しい中、既読をつけていただき、見てくれてるんだなぁって思って嬉しいです」などと健気に営業をしてくるので、正直、時折は心がぐらつきそうにもなる。が、著者の感想は届かない。そこが肝なのに、少し惜しい。

あの夜、希美はわたしと友人が帰ったあと、もう少し飲んでから店を出たという。が、その夜半、RからLINEが届いたそうだ。そこに書かれていたのは、希美がトイレに行くために、一人で店内を歩き回ったことを咎める内容だった。

「7か月通っていて、そんな説明、一回もされたことがない。『他店も行ってるならわかるだろ?』って書かれていたけど、他店でも一人でトイレに行ってるし、周りに誰もいなければ一人で行く。もともと彼がわたしとしっかり向き合ってくれないことに不満もあったし、もういいやってさよならを伝えてLINEもブロックしました」

希美の担当探しは、もう少し続くようである。

I♥

あとがき

２０２０年の晩秋、担当の平林氏から、「ホス狂いのルポを書きませんか？」と声を掛けられたときは、正直なところ、一冊にまとめるのにそこまで時間がかかるとは、思っていなかった。取材の対象者である「ホス狂い」の女性は、珍しい存在でもない。だから話を聞かせてくれる女性を探すのも、それほど難しくないだろうし、話を聞いてまとめれば、すぐに仕上がるとさえ思っていた。

が、その思い上がりはすぐに打ち砕かれた。なぜならば、彼女たちの持つ価値観は独特で、わたしがこれまで常識だと考えていたものとは、まったく違っていたからだ。

話を聞いていて、「言っていることの、理解ができない」というのは初めてだった。そこを理解できないまま「そういうもの」として書くという手もあったけれど、それでは、書く意味がない。

彼女たちの価値観を理解し、誰にでも伝わるように翻訳しながら、同時に「ホストになぜハマるのか」という構造を解き明かすことが必要だけれども、私にとってそれは非常に困難だった。これまでホストクラブに通っている、いわばそもそもが「ホス狂い」の書き手であれば、こんな苦労はなかったであろう。ゆえに、果たしてわたしは適任だったのか、と思い悩みながら、ひとつひとつ彼女たちについての謎や疑問について考え、その答えを探していった。そのせいで執筆に一年以上もかかってしまい、担当の平林さんにはご迷惑をおかけしました。

今回、本書を作る過程の取材を通して、多くのものを得たと思う。

世間では高々とポリコレが謳われようが、そんなものは関係ないとばかりに、己の欲望に忠実に生きる女性たち。そんな、ホス狂いと呼ばれる彼女たちの存在には、同じく今を生きる女の一人として、大いに刺激を受けました。

取材を受けてくださった某ベテランホストに連れていってもらった、歌舞伎町の地下にある『パリコレ歌舞伎町店』というバーは、食事もお酒も美味しくて居心地がよく（さらに店主もかっこよく！）、新宿を訪れた際、たまに立ち寄る店になったし、いろいろ見知ったことで、歌舞伎町を歩くのがより楽しくもなった。

世の中は、理解できないことで溢れている。けれど「理解ができない」と思うたびに、わたしは彼女たちのことを思い出そうと思います。

取材を受けてくださった女性たち、そして歌舞伎町を案内してくれた仙頭氏に感謝いたします。

参考図書

手塚マキ＝著『新宿・歌舞伎町　人はなぜ〈夜の街〉を求めるのか』幻冬舎新書　２０２０年

手塚マキと歌舞伎町ホスト75人 from スマッパグループ＝著、俵万智・野口あや子・小佐野彈＝編集

『ホスト万葉集　嘘の夢 嘘の関係 嘘の酒　こんな源氏名サヨナライツカ』講談社　２０２０年

手塚マキと歌舞伎町ホスト80人 from スマッパグループ＝著、俵万智・野口あや子・小佐野彈＝編集

『ホスト万葉集　巻の二　コロナかも　だから会わない好きだから　コロナ時代の愛なんて クソ』講談社　２０２０年

石井光太＝著『夢幻の街　歌舞伎町ホストクラブの50年』KADOKAWA　２０２０年

佐々木チワワ＝著『「ぴえん」という病　ＳＮＳ世代の消費と承認』扶桑社新書　２０２１年

中村淳彦＝著『ＡＶビジネスの衝撃』小学館　２０１５年

権徹＝著『歌舞伎町』扶桑社　２０１３年

みやめこ＝著『好きとか遊びとか本気とか浮気とか駆け引きとか、もうどうでもいいから愛してくれ』KADOKAWA　２０１７年

高嶋めいみ＝著『メイド喫茶で働いてお金貯めて整形してコスプレイヤーになってホス狂いしてAV女優になった話』主婦の友社　２０２０年

さやわか＝著『ＡＫＢ商法とは何だったのか』大洋図書　２０１３年

中野信子・鳥山正博＝著『ブラックマーケティング　賢い人でも、脳は簡単にだまされる』KADOKAWA　２０１９年

高木瑞穂＝著『ルポ新宿歌舞伎町　路上売春』鉄人社　２０２３年

ホス狂い

2024年3月26日　第１刷発行

著　者	大泉りか
発行人	尾形誠規
編集人	平林和史
発行所	株式会社 鉄人社 〒162-0801 東京都新宿区山吹町332 オフィス87ビル 3F TEL 03-3528-9801　FAX 03-3528-9802 http://tetsujinsya.co.jp
カバー写真	村上庄吾
デザイン	鈴木 恵（細工場）
印刷・製本	株式会社シナノ

ISBN978-4-86537-272-4　C0136　

本書へのご意見、お問い合わせは直接、小社までお寄せくださるようお願いします。